M&A 거래의 기술

기업 인수·매각의 성공 전략

M&A
거래의 기술

개정
증보판

류호연 지음

매일경제신문사

개정증보판 서문

바야흐로 M&A의 시대다.

매일같이 M&A 기사를 볼 수 있고, 심지어 식사를 하다가 옆 테이블에서 M&A 관련 대화를 듣는 것이 어렵지 않은 요즘이다. 이제는 M&A를 모르고는 경영자라고 할 수 없고 투자자라고도 할 수 없다.

이 책을 출간한 이후, 여러 기업가와 실무자 그리고 전문가 분들로부터 많은 연락을 받았다. 책을 읽고 큰 도움을 받으셨다는 기업가 분들부터 업무를 진행하면서 문의를 주신 자문사 담당자 분들, 그리고 M&A를 연구하는 교수님까지 다양한 분야에 많은 분들과 소통할 수 있었다. 멀리 해외에서 감사 이메일을 보내주시기도 했다. 많은 성원에 감사드린다.

　M&A 현장에서 수많은 거래의 시작부터 종결, 그리고 사후 관리까지 다양한 경험을 했지만 거래를 할 때마다 매번 새로움을 느낀다. 기업의 상황과 거래 당사자의 니즈는 거래마다 다르므로 매번 이슈가 다르고 새로운 해결 방안이 필요하기 때문이다. 바로 이런 점이 M&A의 매력이 아닌가 싶다.

　필자는 M&A 거래에 참여하고자 하는 기업가, 실무자, 자문사 그리고 투자자 분들이 M&A 거래를 성공적으로 이끌어 나가는 데 도움을 드리고자 이 책을 출간했다. 실제 M&A 거래가 어떻게 진행되고 절차마다 어떤 점을 유의하고 고려해야 하는지 직접 업무를 하면서 느끼고 생각했던 것들을 최대한 담으려고 노력했다. 'M&A'라는 제목을 달고 나온 책들 중에 아직까지 이 책만큼 실무를 기반으로 핵심적인 내용을 모두 담고 있는 책은 없다고 자부한다.

　이번 개정판에서는 독자의 이해를 돕고자 몇 가지 최신 사례를 추가했으며 M&A 관련 법령 개정 사항을 반영하고 업데이트하여 책의 완성도를 더욱 높였다.

　여러분들의 Deal Success에 이 책이 함께하기를 바란다.

2023년 9월

류 호 연

프롤로그

"M&A 거래, 어떻게 진행하면 될까요?"

요즘엔 어디서나 M&A 뉴스를 쉽게 접할 수 있지만 막상 주변에서 관련 경험을 가진 전문가를 찾기는 쉽지 않다. 수십 년간 기업을 경영해온 경영자들이나 베테랑 실무자들도 M&A를 시도할 때 어떻게 진행해야 할지 몰라 막막해하는 경우가 많다.

M&A는 매수인 또는 매도인 입장에서든, 거래 대상이 되는 기업에서든 흔히 일어나는 이벤트가 아니다. 수많은 기업이 M&A를 검토하지만 실제로 거래를 완료하는 경우는 소수에 불과하며, 대주주로서 기업의 경영권을 매각하는 경험은 통상 한두 번에 불과할 것이다.

M&A 거래를 빈번히 검토하는 대기업이나 바이아웃(Buyout) 거래를 전문으로 하는 사모펀드(PEF, Private Equity Fund)가 아니라면, 관련 경험을 가진 경영자나 실무자는 드물다. 특히 중소기업이나 개인 오너는 M&A 경험이나 관련 지식이 많지 않은 경우가 대부분이다.

M&A 자문업무를 해오면서 매도인이나 매수인에게 거래가 어떻게 진행되는지, 어떤 점에 유의해야 하는지 등 전반적인 설명을 하며 프로젝트를 시작하는 경우가 많았는데, 그때마다 M&A 전반에 대해 쉽게 이해할 수 있도록 도와주는 책이 있으면 좋겠다는 생각을 하곤 했다.

M&A 자문을 하다 보니 관련 책이 출판되면 대부분 읽어보는 편이다. 그런데 막상 'M&A'라는 제목을 달고 나온 책을 읽어봐도 M&A가 어떠한 절차로 진행되며 그 절차마다 어떤 사항을 고려해야 하는지에 대해 상세히 다룬 내용은 찾기 어려웠다. 어떤 책은 법령상 절차와 일정을 나열하는 정도에 그쳤고, M&A 거래 관련 공시 사례들로만 내용이 이뤄진 책도 있었으며, 해외 M&A 사례로 채워진 책도 있었다. 대부분의 책은 다루는 정보가 너무 단편적이거나 특정 분야에 치우쳐 M&A 거래 전반을 이해하기에 적합하지 않았다.

그러다 어느 순간 업무를 하며 생각했던 것들을 정리하여 직접 책을 써야겠다는 생각에 이르렀다. 이론적이거나 추상적인 내용이 아닌, 매수인이나 매도인에게 도움이 될 수 있는 실질적이고 구체적인 내용으로 구성하고자 신경 썼으며 특히 다음 사항을 고려했다.

첫째, M&A의 시작부터 종결까지 거래 전반에 대해 기술했다. 진행 단계별로 거래 당사자가 각 절차에 따라 고려해야 할 사항을 쉽게 파악할 수 있도록 했다.

둘째, M&A를 진행하면서 고려해야 할 핵심 내용을 중심으로 기술했으며 법령, 공시 사례, 문서 서식, 일정 등의 단순한 나열은 지양했다.

셋째, 지나치게 이론적인 내용은 배제하고 실무적인 면에 초점을 맞춰 기업가부터 실무자까지 누구나 쉽게 접근할 수 있도록 했다.

넷째, 매수인과 매도인 측면에서 중점적으로 고려할 사항을 함께 기술해 상대방 입장에서 거래를 바라보며 M&A에 대한 통찰을 쌓을 수 있도록 했다.

M&A를 실행할 때 사전에 관련 지식을 가지고 있느냐 그렇지 않느냐에 따라 거래 성공 가능성이 크게 달라진다. 지식이나 정보가 없는 상태로 거래에 나선다면 거래 상대방에게 끌려다닐 수밖에 없으며 거래 과정에서 시행착오를 경험할 가능성이 크다. 작은 시행착오 하나 때문에 거래가 무산될 수도 있고 M&A 자체가 실패로 귀결될 수도 있다.

따라서 M&A를 하고자 하는 매수인이나 매도인은 최소한 거래가 어떻게 진행되고 절차마다 어떤 점을 고려해야 하는지에 대해 지식을 가지고 있어야 한다. 그래야 M&A 거래의 시작부터 종결까지 모든 과정을 지배하고 리드할 수 있으며, 시행착오 역시 최소화할 수 있다.

M&A는 각각의 거래마다 이슈도 다르고, 진행 절차도 다르기 때문에 한두 번의 경험으로는 전문성을 갖추기 힘든 분야이지만, 독자들은 이 책을 통해 M&A 거래 전체를 보는 시각과 통찰을 얻을 수 있을 것이다. 아무쪼록 M&A를 계획하고 시도하는 거래 당사자들 그리고 자문사 실무자들이 거래를 성공적으로 이끌어 나가는 데 도움이 되길 바란다.

류 호 연

CONTENTS

Chapter 4 ——— 협상과 거래

Chapter 5 ——— 매도인의 고려사항

1

CHAPTER

一

거래의 준비

一

100%의 기업을 만나는 일

"좋은 M&A 건 없나요?"

M&A 자문 업무를 하며 자주 듣는 말이다. 미팅 자리에서 인수 대상기업을 찾고 있다며 이런저런 전략이나 각자의 상황을 이야기하거나, 어떤 경우에는 1년 안에 1건을 무조건 완료하겠다며 좋은 거래 건이 있으면 소개해 달라는 요청을 한다.

그런데 막상 1년이 지난 후 M&A를 실행한 투자자를 찾는 것은 쉽지 않다. 2년이 지나고 3년이 지나도 마찬가지이다. M&A에 관심이 있는 투자자를 만났을 때 실제로 1년 안에 대상기업을 정해 거래를 시도하는 투자자는 그중 10~20%에 불과하고, 거래를 시도한 투자자가 최종적으로 종결할 확률은 20~30% 정도 되는 것 같다. 과거 M&A 자문을 하면서 체감한 수치다.

투자자의 성향이나 어떤 성격의 기관인가에 따라 차이가 있겠고 개인적인 경험치라는 것을 고려해야겠지만, M&A 거래가 성사 확률이 낮다는 것은 이 분야의 전문가들은 모두 공감할 것이다. M&A에 관심이 있다고 하여 모두 시도하는 것은 아니며, 거래를 시도한다고 해서 모두 성사시킬 수 있는 것도 아니다.

M&A에 관심이 있더라도 거래를 시도하는 것은 쉽지 않다. 결혼할 사람을 찾을 때 직업, 외모, 성격, 경제력 등 다양한 조건을 살피듯이 M&A도 알맞은 대상기업을 찾는 것 자체가 매우 어려운 일이다. 막상 매력적인 거래 대상기업을 찾았다고 하더라도 정작 거래 상대방이 의사가 없다면 거래를 시작조차 할 수 없다.

대상기업이 M&A 의사가 있어 거래를 진행하더라도 모든 과정이 종결될 때까지는 많은 산을 넘어야 한다. 처음에 시작할 때는 매력적으로 보여 반드시 인수하고 싶다는 마음이었더라도 강력한 경쟁사가 등장한다든지 거래처가 편중되었다든지 산업 업황이 꺾이고 있는 추세라든지 등의 이슈가 발견되어 거래를 추진하지 않게 되는 사례가 다반사이다. 투자자의 거래 의사가 변하지 않더라도 뜻하지 않게 다른 인수 경쟁자의 등장으로 기회가 사라지기도 한다.

모든 어려운 과정을 지나왔어도 계약 단계에서 작은 조건 하나가 협의되지 않아 거래가 무산되기도 하며, 협상 과정에서 작은 오해가 생겨 매도인이나 매수인이 변심하여 거래를 없던 일로 하는 경우도 발생한다.

천신만고 끝에 M&A 계약을 체결했어도 끝날 때까지 끝난 게 아니다. 갑자기 예기치 않은 소송이 제기되거나 노조의 파업으로 거래가 중단되기도 하고, 정부의 규제로 모든 절차가 마무리된 M&A가 무산되기도 한다.

어떠한가. M&A 거래의 성사가 얼마나 어려운지 공감이 되는가?

"4월의 어느 해 맑은 아침, 하라주쿠의 뒤안길에서 나는 100%의 여자아이와 엇갈린다."

작가 무라카미하루키의 《100%의 여자아이를 만나는 일》이라는 수필의 첫 문장이다. 마음에 꼭 드는 이성을 만났더라도 연인으로 이어지는 것은 매우 어려운 일이다. 계절, 날씨, 장소가 완벽하고 심지어 그 이성이 자신의 100%의 이상형이더라도 그냥 엇갈릴 수 있는 것이다.

M&A도 이와 유사하다. 완벽한 대상기업을 찾는 것도 쉽지 않지만, 설사 찾았다고 하더라도 그 시점의 환경이 충족되지 않으면 거래는 성사되지 않는다. 인수기업이 갑작스럽게 큰 자금 소요가 발생해 거래대금을 마련하기 어렵게 되거나, 예상치 못한 정부기관의 규제로 대상기업에 문제가 생겨 거래가 무산될 수도 있다.

이처럼 한 건의 M&A 거래가 종결되려면 수많은 조건이 맞아떨어져야 한다. 거래를 할 것인가 말 것인가는 하는 고민은 절차가 진행되면서 매수인 측과 매도인 측에서 계속적으로 발생한다. 즉, M&A 거래는 수많은 의사결정의 연속이며 거래 당사자의 의사결정이 모두 거래종결 쪽으로 결정되어야만 거래가 종결될 수 있는 것이다.

이러한 의사결정 과정을 확률로 계산해 본다면 M&A가 성사된다는 것이 얼마나 어려운 일인가 실감할 수 있다.

코로나에 무산된 HDC현산의 아시아나 인수

HDC현산이 아시아나항공 인수 우선협상대상자로 선정됐을 때만 해도 이해관계자들은 장밋빛 미래를 그렸다. HDC현산은 아시아나항공 인수에 2조 5,000억 원을 걸었다. 정몽규 HDC현산 회장은 본 입찰을 추진하면서 실무진에게 "그룹 재도약을 위해 반드시 아시아나항공을 인수해야 한다"고 지시했을 정도로 이 M&A에 적극적이었던 것으로 전해진다. 우선협상대상자로 선정된 지난해 11월엔 "HDC현산은 이제 항공사뿐 아니라 모빌리티 그룹으로 한걸음 도약하겠다"는 포부를 밝히기도 했다.

그러나 과도한 인수가에 따른 '승자의 저주' 우려는 처음부터 제기됐다. 채권단 등 금융권에서도 "어떻게 감당하려나 싶을 정도"라는 뒷말이 나왔다. HDC현산에 대한 신용등급 평가도 불리해졌다. 아시아나항공 인수 추진 전 'A+(안정적)'이던 것이 계약 체결 후 '부정적'으로 조정됐다. 신용등급 하향 검토 대상에 올랐다는 의미다.

결국 우려는 코로나19라는 뜻하지 않은 악재를 만나면서 현실이 됐다. 지난해 12월 M&A 계약이 이뤄진 후 올해 2~3월 본격적으로 코로나19가 전 세계적으로 유행하기 시작하면서 항공업황이 큰 타격을 입은 것이다.

〈매일경제신문〉, 2020. 10. 05. 정주원 기자

M&A는 절반 이상 실패한다

하늘이 스스로 돕는 자를 돕는 것처럼,
시장 또한 스스로 돕는 자를 돕는다. 그러나 시장은 하늘과 달리
자신이 무엇을 하는지 모르는 자를 용서하지 않는다.

— 워런 버핏 —

M&A는 다른 기업의 경영권을 인수하는 거래다. 기업의 경영권을 인수한다는 것은 둘 이상의 기업이 결합되는 것이기 때문에 단순한 투자에 그치지 않고 조직을 통합하는 일이 따른다. 따라서 M&A를 완결하기 위해서는 금전적인 투자뿐 아니라 비금전적인 투자와 노력 또한 필요하다. 다시 말해서 M&A를 위해서는 상당한 자본과 시간의 투자를 쏟아야 한다.

그런데, 이러한 M&A의 성공 확률은 얼마나 될까?

학계와 산업계에서 그동안 발표된 자료에 따르면 M&A의 성공 확률은 50% 미만이라고 알려져 있다. 과거 보스턴컨설팅그룹(BCG)의 조

사에서는 평균 50%를 넘지 못한다고 했으며, AT커니가 발표한 자료에는 거래의 약 58%가 목표 달성에 실패한 것으로 나타났다. Robert Lamb & Thomas Grubb은 그들의 책《Capitalize on Merger Chaos》에서 20%의 M&A만이 성공한다고도 했다.

여기서 성공이라는 것은 M&A가 단순히 성사되는 것만을 의미하는 것이 아니라 소기의 목표를 달성했는지를 말한다. 한 건의 M&A가 종결되었다고 그 거래를 성공이라고 말할 수 없으며, 성사된 거래가 성공적이라고 평가받는 것은 또 다른 이야기이다.

1980년대 이후 미국을 중심으로 활발히 이루어진 M&A는 국내에서도 1997년 IMF 구제금융 이후 많이 있었지만, 막상 성공한 사례를 떠올리기는 쉽지 않다. 그만큼 M&A가 성공하기 어렵다는 것을 방증한다.

실패한 사례는 상대적으로 쉽게 찾을 수 있다. 실패사례로 유명한 HP와 Compaq의 합병이나 다임러와 벤츠의 M&A 사례를 들지 않더라도 국내에서도 대우건설과 대한통운을 인수했던 금호그룹, 아커야즈 사를 인수했던 STX조선 등 M&A 후유증을 경험한 여러 사례를 떠올릴 수 있다.

그렇다면 많은 기업은 왜 M&A에서 실패를 경험하는가?

M&A가 실패하는 데에는 다양한 원인이 존재한다. 예상했던 전략적 시너지가 발생하지 않기도 하고 대상기업의 사업 환경이 급격히 안 좋아지기도 한다. 무리한 인수금액으로 인한 금융비용의 압박으로 인수자까지 어려운 상황을 겪기도 한다.

전략과 목표의 부재

가장 대표적인 실패 원인은 구체적인 전략과 목표 없이 M&A를 행하는 것이다.

많은 경영자들이 M&A를 기업 전략의 하나로 인식하고 무모하게 추진하는 경우를 자주 볼 수 있다. 그러나 M&A는 기업 전략이나 목표의 실행 수단에 가깝다.

기업이 어느 정도 성장하여 성숙기로 진입하게 되면 내부에 유보자금이 축적되고 경영자는 이것을 이용하여 다른 성장동력을 찾아 나서기 마련인데, 이때 M&A 자체를 성장동력으로 오인하는 것이다.

"왜 대상기업을 인수하는가?"

인수자가 이 질문에 대하여 명확히 답할 수 없다면 그 M&A는 이미 실패의 길로 접어든 것일지 모른다. M&A가 공표될 때 인수 이유가 불명확한 경우를 목격할 수 있는데, 그 거래는 이미 그때부터 실패로 예견되기 쉽다. 물론 시장의 반응은 더욱 즉각적이기 때문에 이러한 M&A를 공표한 기업의 주가가 큰 폭으로 하락하기도 한다.

M&A의 목적이 명확하지 않다면 진행 과정에서 발생하는 여러 가지 상황에 적절히 대응할 수도 없다. 실사 과정에서 대상기업에 예상치 못한 이슈가 발견된다면 그 사항이 M&A에 어느 정도 영향을 미치는지 판단하여야 하는데, 만약 목적이 명확하지 않다면 그에 대한 해석과 대응이 어려울 것이기 때문이다.

예를 들면, 대상기업의 기술을 획득하기 위한 M&A에서 기술 관련 이슈는 매우 중요하겠지만 유통망과 관련된 사항은 비교적 덜 중요할 것이다. 반대로 유통망을 획득하기 위한 M&A에서는 유통망 관련 사항이 거래에 큰 영향을 미친다. 이처럼 M&A의 목적이 명확해야 이슈 사항의 중요도를 판단할 수 있다.

사모펀드(PEF)와 같은 재무적 투자자가 M&A 인수자가 되는 경우에도 마찬가지이다. 사모펀드가 M&A를 하는 근본적인 목적은 자본이득을 추구하기 위한 것이지만, 사모펀드 또한 산업 환경의 구조적인 변화나 대상기업의 특수한 저평가 상황에서 기회를 찾는 등 나름대로의 전략을 가지고 있어야 한다. 재무적 투자자 또한 왜 대상기업을 인수하는지에 대해 분명한 답변을 할 수 있어야 하는 것이다.

과도한 거래조건

M&A 실패에 대하여 논할 때 '승자의 저주(Winner's Curse)'가 많이 언급된다. 승자의 저주는 경쟁에서는 이겼지만, 그 과정에서 과도하게 투자해 결과적으로 잃는 게 많아지는 것을 말한다.

M&A 거래에서 인수후보자가 거래성사에 집착한 나머지 당초의 예상을 뛰어넘는 가격을 제시하거나 누가 보아도 수락하기 힘든 무리한 거래조건으로 거래하는 경우도 있다. M&A는 기업이든 개인이든 인수

자 입장에서 큰 이벤트이고 중요한 거래이므로 모든 역량을 집중하게 된다. 거래가 진행될수록 투입되는 시간과 비용은 점점 커지게 되므로 중도에 거래를 포기하거나 경쟁 때문에 거래를 놓치게 되면 투자자의 손실 또한 커지게 된다. 따라서 투자자는 거래가 진행되면 진행될수록 거래를 성사시켜야 한다는 압박이 커지고 점점 포기하기 어려워진다.

M&A를 성사시켜야 한다는 집착은 협상에서 불리한 포지션에 서게 만들고 무리한 조건을 수용하게 될 가능성 또한 높아진다. 높은 거래 가격과 불리한 거래조건은 M&A의 실패 확률을 그만큼 높인다.

M&A 과정에서 거래 추진 사실이 알려지고 기사화되는 경우, 주주나 임직원 등 이해관계자들은 그 거래의 성사에 큰 관심을 가질 수밖에 없다. M&A를 진행하는 딜 팀(Deal team)은 이러한 관심에서 벗어나 종결될 때까지 거래조건이 목표에 부합하는지를 계속적으로 검토해야 한다. 협상 과정에서 거래조건이 딜 목표로부터 멀어진다면 딜 팀의 리더는 과감하게 거래를 포기하는 선택을 할 수 있어야 한다.

인수 후 통합의 실패

기업의 목표와 전략에 따라 타깃을 정하고, 거래조건도 합리적으로 협상한다고 해서 M&A의 결과가 성공으로 이어지는 것은 아니다. M&A의 실패 원인으로 많이 언급되는 것은 바로 인수 후 통합(PMI,

Post Merger Integration)의 실패이다.

과거 AT커니의 조사에 따르면, M&A를 경험해 본 CEO 중 53%가 인수 후 통합을 거래 과정에서 가장 중요하고 리스크가 큰 단계로 꼽은 바 있다. 인수 후 통합이 잘못되면 거래를 완료하였더라도 얻고자 하는 결과를 얻지 못할 뿐만 아니라 대상기업과 인수기업의 기업가치 하락으로 이어질 수 있기 때문이다.

기업을 인수한다는 것은 대상기업의 자산, 브랜드, 인력, 기술, 계약, 고객관계, 전산시스템 등 기업을 구성하는 모든 요소를 인수하는 것이다. 기업을 구성하는 이러한 요소들을 거래 후 인수자의 M&A 목적에 부합하도록 움직이기 위해서는 철저한 사전 준비와 신속한 통합 실행이 필요하다.

천신만고 끝에 M&A 계약이 체결되고 거래가 종결되었다면, 사실상 이때부터 본게임은 시작된다. 거래가 종결되고 시간이 흘렀는데도 막상 대상기업이나 인수기업에 아무런 변화가 없는 경우를 종종 볼 수 있다. M&A는 기업을 변화시킬 수 있는 가장 큰 이벤트이고 거래 직후는 기업을 변화시킬 수 있는 가장 좋은 시기다. 거대한 이벤트를 이루어냈고 변화의 시간을 얻었음에도 이 기회를 날려버리는 것은 매우 안타까운 일이 아닐 수 없다.

M&A 거래를 발표하면서 인수자는 시너지 효과에 대한 기대를 언급하거나, 특정 부분을 개선하면 기업가치가 크게 상승할 것이 예상된다며 나름의 가치 창출 전략을 말하기도 한다. 하지만 거래를 종결하

고 아무것도 하지 않는다면 시너지나 가치창출은 발생하지 않는다는 점을 명심해야 한다. M&A 성공을 위해서는 막연한 기대가 아니라 치밀한 계획과 실행이 필요한 것이다.

　많은 경영자들이 그저 낙관적 기대로 M&A를 하고 있다는 것을 풍자한 좋은 글이 있어 소개한다.

　"많은 경영자들이 감수성 예민한 어린 시절, 개구리 왕자가 공주의 키스를 받고 마법에서 풀려나 멋진 왕자의 모습으로 되돌아온다는 이야기를 듣고 자란 듯하다. 그 때문인지 그들은 경영관리라는 키스가 기업의 수익성을 향상시키는 기적을 일으킬 것이라고 확신하고 있다. 물론 이런 낙관주의가 필요하기도 하다. 그런 장밋빛 전망이 없다면 과연 어떤 기업이 다른 기업을 인수하려고 하겠는가? 그것도 주식시장에서 거래되는 가격의 두 배나 지불하면서 말이다. 비유를 들어 설명해보자. 단지 개구리를 사고 싶은 것이라면 경영자들은 시장에서 싼 가격에 살 수 있다. 하지만 돈이 넘쳐나는 공주님이라도 되는 것처럼 두 배나 비싼 가격으로 그들과 키스할 개구리를 샀다면 그 키스는 뭔가 엄청난 결과를 보여주어야만 할 것이다. 이제까지 우리는 수없이 많은 키스 장면을 목격했지만 기적이 일어나는 경우는 거의 없었다. 키스를 하더라도 아무런 변화가 없는 개구리가 자기 집 뒤뜰에 넘쳐나고 있음에도 불구하고 많은 경영계의 공주님들은 아직까지도 자신의 키스가 기적을 일으킬 것이라고 믿어 의심치 않고 있다."

이 글은 워런 버핏이 1981년 버크셔 해서웨이의 연차보고서에 기술한 것이다. 경영자들은 M&A가 기적을 일으킬 것이라는 막연한 기대 속에 거래를 하게 되지만 대부분 아무런 변화를 가져오지 못한 채 실패하는 경우가 많고, 그러한 실패의 반복에도 불구하고 경영자들은 다시 기업 인수를 시도하고 있음을 풍자하고 있다.

M&A의 동기

생명력이란 살아남는 능력만을 의미하는 게 아니다.
새로 시작하는 능력이기도 하다.

― 스콧 피츠제럴드 ―

기업이 비전이나 목표를 설정하고 또 전략을 수립하는 이유는 무엇
인가? 여러 가지 답변이 가능하겠지만 필자는 지속적인 성장(Sustainable
Growth)을 위한 것이라고 생각한다. M&A는 기업의 목표와 전략을 달
성하기 위한 실행 수단이므로, 기업의 지속적인 성장 추구의 관점에서
실행된다고 말할 수 있다.

기업이 영위하는 사업은 수명주기를 갖는다. 성장기를 거쳐 성숙기
를 지나게 되면 자연스럽게 쇠퇴기가 도래한다. 이때 경영자들은 지속

26 Chapter 1. 거래의 준비

적 성장을 추구하기 위해 사업의 쇠퇴기가 도래하기 전에 다른 성장동력을 찾아 나서게 된다. 여기서 기업이 추구하는 것은 단순한 매출액의 성장이라기보다는 이익 또는 기업가치의 성장을 의미한다.

지속적 성장의 추구

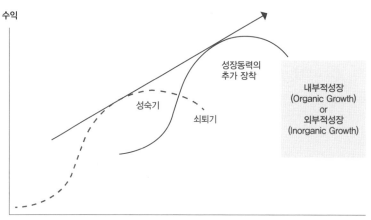

삼성전자 콘퍼런스콜, M&A는 안정적 지속성장 위한 것

삼성전자는 29일 열린 전략 업데이트 콘퍼런스콜에서 향후 M&A로 인해 현금 보유량이 줄어드는 것에 대해 "기본적으로 시설투자를 하던지 M&A하는 것은 결국 안정적으로 지속성장하기 위한 것이고 배당을 하거나 자사주를 매입하는 것은 주주가치 제고다. 시설투자는 어떤 의미에서는 직접적이고 단기적인 수익 개선이고 M&A는 장기적 성장동력과 수익성을 확보하자는 것"이라고 전했다.

〈디데일리〉, 2016.11.29, 이수환 기자

내부적 성장 vs 외부적 성장

기업이 성장하는 방법은 크게 내부적 성장(Organic Growth)과 외부적 성장(Inorganic Growth)으로 나눌 수 있다.

기업은 내부적으로 직접투자를 통하여 공장을 설립하거나 연구개발 등으로 자체적인 성장동력을 확보할 수 있지만 M&A, 조인트벤처 설립, 소수지분 투자, 전략적 제휴 등의 방법으로 기업 외부적인 곳에서 성장동력을 찾을 수도 있다.

M&A는 기업이 외부적 성장을 추구하는 대표적인 방법이다.

내부적 성장 vs 외부적 성장

구분	내부적 성장(Organic Growth)	외부적 성장(Inorganic Growth)
주요 형태	설비투자 등(Green Field Invest-ment), 연구개발(R&D) 등	M&A(Buyout), 조인트벤처(JV) 투자, 소수지분(Minority) 투자, 전략적 제휴(Alliance) 등
고려 사항	• 사업 초기 신속하게 규모의 경제를 달성하기 어려움 • 해당 분야에 경험과 역량이 없는 경우 실패 가능성이 높음 • 역량 축적에 오랜 시간이 소요됨	• 신속한 시장 선점 및 규모의 경제 달성에 유리함 • 적합한 투자 대상기업을 찾기 어려움 • 투자비용을 과다 지불할 가능성이 있음

많은 경영자들이 성장의 방안으로 M&A를 쉽게 떠올리지만, 경영자는 먼저 기업의 비전 달성과 전략 실행을 위하여 가장 적합한 방법이 어떤 것인지 검토해 보아야 한다. 즉, 목적하는 바를 원하는 기간 내에

이룰 수 있는 여러 가지 대안을 같이 고려해 보아야 한다는 것이다.

예를 들면, 식음료 사업을 영위하고 있는 기업이 기존 사업의 확장을 위하여 맥주시장 진출을 전략으로 세운다면, 맥주 사업을 하는 기업을 인수하거나 자체적인 브랜드로 맥주 사업에 진출하기 위해 직접 공장을 설립하는 것을 검토해 볼 것이다. 이때 외부적 성장 방법은 이미 맥주 사업을 경영하고 있는 기업을 인수하는 것이고, 직접 공장을 설립하는 것은 내부적 성장 대안 중 그린필드 투자 방법을 선택하는 것이다.

내부적 성장의 방법을 선택할지, 외부적 성장의 방법을 선택할지는 투자의 효율성과 경영전략상의 타이밍 등을 종합적으로 고려해 결정 한다. 아무리 좋은 M&A 대상기업이 있다고 하더라도 과도하게 높은 가격 때문에 투자 효율성이 없다고 판단된다면 내부적 성장 대안을 택할 수도 있을 것이며, 반대로 가격이 조금 높더라도 경영전략상 신속한 사업 진출이 필요한 상황이라면 M&A를 선택하는 것이 바람직 할 수 있을 것이다.

기업이 외부적 성장의 방법을 선택한다면, 그중 어떤 방법이 목적하 는 바를 이루는 데에 가장 적합한지 고민해 보아야 한다. M&A가 외 부적 성장의 가장 대표적인 수단이 되겠지만 기업의 전략과 목적에 따 라 그외 JV 투자, 소수지분 투자, 전략적 제휴 등이 유효하다면 경영 자는 다른 방안도 생각해 보는 것이 좋다. 예를 들면 제과회사가 해외 로의 사업 확장을 위해 해외 업체를 M&A할 수도 있지만 해외 파트너 와 JV를 설립하는 것을 고려할 수도 있다.

M&A의 구체적 동기

　외부적 성장 방법으로 M&A가 적합하고 유리한 경우는 다른 기업과 관계를 맺음으로 인하여 당해 기업의 변화보다 다른 기업의 변화가 더 큰 경우다. 즉, 기업이 소수지분을 투자하거나 전략적 제휴를 통하여 다른 기업과 관계를 맺었을 때 상대 기업에 큰 변화와 성장이 예상된다면 그 이익을 최대한 누리기 위해서는 직접 M&A를 하는 것이 가장 바람직한 대안이 될 수 있다.

　M&A를 선택하는 동기는 전략과 목적에 따라 다양할 수 있으며, 대표적인 동기들을 살펴보면 다음과 같다.

① 신속한 신사업 진출

　신사업에 진출하는 방법으로 M&A를 선택한다면 기존 업체와의 마찰을 최소화하면서 시장에 신속하게 진입할 수 있다. 특히 금융업과 같이 법률 및 정부기관의 인허가가 필요한 산업이나 대규모 설비투자가 필요한 산업에 신규 진출하려면 상당한 시간이 걸리기 마련인데, 기존 업체를 인수한다면 신사업으로 진출하는 시간을 크게 단축시킬 수 있다.

② 시너지 창출

　M&A는 사업다각화를 위해 진행되기도 하지만, 기존 사업을 더욱

효율적으로 운영하기 위해 시너지를 추구하는 방향으로 이루어지기도 한다. 전후방 산업 간 M&A를 통한 수직계열화로 원가 절감 등의 시너지를 추구하는 경우를 자주 볼 수 있다.

③ 규모의 경제

유통업, 물류업 등 기업 규모가 시장 내에서 중요한 경쟁력이 되는 산업의 경우에는 규모의 경제를 달성하기 위한 목적으로 M&A가 빈번히 발생한다. 이러한 M&A는 주로 동종업종 영위기업을 대상으로 이루어진다.

④ 위험 분산

전후방 산업도 아니면서 유사 산업도 아닌 전혀 무관한 이종업종 기업을 M&A하는 경우도 있는데, 이러한 거래는 위험 분산 측면에서 의미가 있다. 산업별로 경기 사이클과 위험도가 다르기에 이종산업에 진출함으로써 사업 포트폴리오 재구축을 통한 위험 분산 효과를 향유할 수 있다.

⑤ 신기술 취득

기술이 급격히 변화하고 빠르게 발전하는 산업에서는 특허 등 신기술을 얼마나 신속히 확보하는지가 기업의 경쟁력을 결정한다. 따라서 IT기업 등의 기술기업은 신기술을 보유한 기업과의 M&A를 우선적으로 고려하는 경우가 많다. 애플, 구글 등의 기술기업에서 이러한 사례를 많이 발견할 수 있다.

⑥ 인력의 확보

특정 사업 분야에서 필요한 인력을 대규모로 한꺼번에 영입하는 것은 쉽지 않은 일이며, 우수한 전문인력을 확보하는 것 또한 어려운 일이다. 기업은 M&A를 통해 특정 분야의 대규모 인력 또는 전문인력을 신속하게 확보할 수 있다. 특히 IT산업, 게임산업, 자산운용업, 컨설팅업 등 인력자산이 중요한 경우에 이러한 인력 확보 목적의 거래가 활발하다.

⑦ 자본이득의 추구

경영 능력이 있는 투자자는 저평가된 기업 또는 새로운 가치를 창출할 수 있을 것으로 판단되는 기업을 인수한 후 기업가치를 높여 재매각할 목적으로 M&A를 하기도 한다. 경영권 인수거래(Buyout)를 전문으로 하는 사모펀드는 이러한 거래를 통하여 자본이득을 추구한다.

경영권이란 무엇인가

M&A는 Mergers & Acquisitions의 약어로서 '인수합병'을 의미하여 기업 인수(Acquisitions)와 기업 합병(Mergers)을 포괄하는 개념의 용어이다. 통상 '인수'는 하나의 기업이 다른 기업의 경영권을 취득하는 것을 의미하여 '합병'은 둘 이상의 기업이 법적으로 하나로 합쳐짐으로써 경영권이 통합되는 것을 의미한다.

해외에서는 합병을 통하여 직접 경영권이 통합되는 사례가 많이 있으나, 국내의 경우에는 주로 경영권 인수거래가 먼저 일어나고 그 이후 별도의 합병거래를 통하여 경영권이 통합되는 경우가 많다.

기업 인수나 기업 합병에서 거래의 대상은 기업이 되는데, 기업을 거래한다는 것은 경영권을 확보하는 방식을 통해 이루어지므로 결국 M&A

거래의 대상은 기업의 경영권이라고 할 수 있다. 따라서 M&A를 이해하기 위해서는 경영권의 본질에 대하여 정확히 이해할 필요가 있다.

경영권의 의미

국내에서 M&A를 논할 때 경영권이라는 용어를 많이 쓰는데 정확히 하자면 거래의 대상은 기업에 대한 지배권이다. 경영권이라는 용어를 그대로 풀어쓰면 '경영의 권한'인데 이것은 소유와 경영의 분리라는 측면에서 CEO 등 전문 경영인이 가질 수도 있다. 이 때문에 M&A에서 사용되는 '경영권'이라는 용어의 본래 의미는 기업에 대한 '지배권(Control)'으로 보는 것이 더 적절하다.

기업에 대한 지배권은 일반적으로 '기업의 경영 또는 정책에 지배적인 영향력을 행사할 수 있는 힘'으로 정의된다. 기업에 있어서 이러한 권한은 주주가 이사의 선임을 통하여 경영진에게 영향력을 행사하거나, 주주총회 시 직접 결의를 통해 행사된다.

따라서 기업에 대한 지배권은 이사의 선임권을 가진 주주에게 있다고 할 수 있다. 즉, 기업 지배권은 이사의 선임에 필요한 주주 의결권을 확보함으로써 얻어진다. 기업의 주요한 업무 집행은 이사회 결의로 이루어지므로 결국 이사의 선임권이 있는 주주가 기업에 대한 지배권을 가지게 되는 구조인 것이다.

요약하면, M&A로 기업의 지배권을 획득한다는 것은 기업 경영의 의사결정에 영향을 미칠 수 있다는 의미이다. 기업의 지배권을 획득한 자는 이사의 선임을 통해 기업의 의사결정기구인 이사회를 지배하며, 이사회를 통하여 그 기업의 경영정책 방향을 결정하거나 경영의 비효율을 개선하는 등 다양한 영향력을 행사할 수 있는 것이다. 결국 기업을 M&A한다는 것은 기업의 이사 선임권을 획득함으로써 경영권을 얻는 것을 의미한다.

경영권 지분 수준

국내의 경우 상법상 이사의 선임은 주주총회의 보통결의를 통하여 이루어진다. 보통결의는 '출석한 주주의 의결권의 과반수와 발행주식총수 4분의 1 이상의 수로써 결의(상법 제368조)'하게 되므로 기업 지배권을 확보하는 확실한 방법은 발행주식총수의 과반수를 소유하는 것이다. 이 때문에 경영권 지분을 '50%+1주'라고 한다.

그러나 다수의 주주로 구성된 기업에서 모든 주주가 출석하는 것은 드문 일이며 만약 그렇다고 하더라도 의결권의 집단적 행사를 기대하기는 어렵다. 따라서 주식의 소유가 분산되어 있다면 발행주식총수의 과반수가 아니더라도 기업의 최대주주 지위를 확보하는 방식으로 지배권을 가질 수 있다.

일반적으로 기업공개(IPO)를 하지 않은 비상장기업에서는 50%를 초과한 지분율을 확보하면 안정적인 지배권을 확보한다고 할 수 있지만, 상장회사에서는 다수의 소수주주가 존재하므로 50% 미만의 지분율로도 어느 정도 안정적인 경영권을 획득할 수 있는 경우가 많다. 상장회사들의 지분구조를 살펴보면 20~30% 수준의 지분 보유만으로 경영권을 행사하고 있는 경우를 쉽게 찾아볼 수 있으며, 어떤 경우에는 10% 수준의 지분을 보유한 주주가 경영권을 행사하기도 한다. 이는 해당 기업의 지분이 분산되어 있기 때문이다.

한편 이사의 해임, 사명 변경, 정관 변경, 합병, 분할 등 상법상 특별결의가 필요한 행위가 필요한 때에는 과반수의 지분을 취득하고도 완전한 경영권 행사가 여의치 않은 상황이 발생할 수 있다. 특별결의는 '주주의 의결권의 3분의 2 이상의 수와 발행주식총수의 3분의 1 이상의 수'로써 결의(상법 제434조)하게 되므로 특별결의가 필요한 행위를 위해서는 발행주식총수의 3분의 2 이상이 안정적인 경영권 행사를 위한 지분율 수준이 된다.

경영권 지분의 수준별 의미

구분	의미
25% 이상	상법상 보통결의를 위한 최소한의 의사 정족수 확보
33.33%(3분의 1) 이상	상법상 특별결의를 위한 최소한의 의사 정족수 확보
50%+1주 이상	상법상 보통결의를 위한 안정적인 의결 정족수 확보
66.66%(3분의 2) 이상	상법상 특별결의를 위한 안정적인 의결 정족수 확보
100%	타주주가 없는 완전한 경영권 지분 확보

"이름 때문에"…실트론 지분에 눈 못 떼는 SK

SK가 LG로부터 반도체 웨이퍼 제조 기업 LG실트론의 경영권 지분(51%)을 확보했지만 회사명의 'LG'를 'SK'로 변경하기까지는 난항을 겪을 것으로 보인다. 사명 변경을 위해서는 49% 지분을 가진 나머지 주주들의 동의가 필요하기 때문이다.

사명 변경의 경우 정관 개정을 해야 하는 안건이기에 지분 3분의 2를 확보해야 한다. 즉 2대 주주(채권단·KTB PE)의 동의가 필수적이라는 의미다. 이 때문에 SK가 잔여지분 인수 카드를 꺼내 들 가능성도 작지 않다. 직접 인수하지 못하더라도 우호적인 재무적투자자(FI)를 끌어들여야 한다는 계산이 나온다.

〈이데일리〉. 2017. 03. 06. 박기주 기자

M&A 모멘텀

기업이 M&A를 하는 궁극적인 목표는 주주가치를 높이는 것이다.

사업이 성숙기에 다다르게 되면 자연스럽게 내부에 유보이익으로 인한 현금이 쌓이게 마련인데, 기업은 이러한 현금을 배당으로 주주들에게 분배할 것인가 아니면 유보하여 성장의 재원으로 사용할 것인가에 대해 의사결정하게 된다.

기업이 이익을 내부에 유보하여 성장의 재원으로 사용하기로 결정했다면 주주가치 극대화 측면에서 최소한 기업의 자기자본이익률을 창출할 수 있는 투자 대상을 찾아나서게 되는데, 이때 기업은 M&A를 투자 대안의 하나로 고려한다.

M&A를 한 번도 실행해보지 않은 기업이라면 M&A를 투자대안으로 채택하여 실행하기까지 상당한 시간이 걸리겠지만, M&A 경험을 가진 기업의 경영진은 투자 대안으로 쉽게 M&A를 떠올릴 수 있다.

M&A 시장에서 거래에 참여하는 기업들을 살펴보면, 과거에 M&A를 1회 이상 경험해 보았던 기업이 대부분이다. M&A 거래가 완료되었다는 뉴스를 보면 인수 기업의 대부분은 몇 차례 M&A를 경험한 기업이 많다. 이처럼 M&A를 한 번도 해보지 않은 기업이 뛰어들거나, 성사시키는 경우는 상대적으로 드물며 M&A는 거래를 경험한 기업이 계속적으로 시도하는 경우가 많다. 즉, M&A도 모멘텀을 가지는 것이다.

M&A 시장에서 연속적으로 거래를 시도하는 경우는 주로 규모 확대를 추구하는 기업에서 많이 나타난다. 규모의 확대가 기업의 목표라면 투자 대안으로 M&A를 지속적으로 검토한다. 물론 그린필드 투자 방법을 검토할 수도 있지만 아무래도 M&A보다 많은 시간이 소요되므로 신속한 규모 확대를 추구하는 기업 입장에서는 M&A 방안을 다른 투자 대안보다 우선하여 고려하게 된다.

M&A 모멘텀은 기업의 외연을 키우는 그룹 확장형 모멘텀과 영위하는 사업 자체의 규모를 확대하는 사업 확대형 모멘텀으로 구분할 수 있다.

M&A 모멘텀의 구분

구분	내용 및 전략	사례
그룹 확장형	• 기업의 규모를 키우고자 기존 사업과 시너지가 있는 전후방 사업을 인수 • 이종사업에 진출하여 사업 포트폴리오를 추가 • 신규 사업 진출로 기업가치를 재평가받고자 함	카카오, 삼라마이다스그룹 등의 M&A 사례
사업 확대형	• 기존 사업과 동일하거나 유사한 사업을 영위하는 다른 기업을 인수하여 사업 규모를 확장 • 규모의 경제 확보를 통한 원가 절감 및 경쟁자의 감소 추구	웅진식품, 한온시스템, 에누리닷컴 등의 M&A 사례 *사모펀드 인수기업에서 사용하는 볼트온(Bolt-on) M&A 전략이 대표적

그룹 확장형 모멘텀

그룹 확장형 M&A 모멘텀은 기업의 규모를 키우고 사업 포트폴리오를 다변화하는 측면에서 시도된다. 기존 기업과 시너지가 있는 전후방 산업을 인수하거나 이종산업에 신규 진출하는 형태이다.

대표적인 사례로 재벌 대기업의 이종업종 기업을 대상으로 한 M&A를 들 수 있다. 과거 삼라마이다스그룹의 다양한 기업 인수 사례와 카카오의 김기사, 로엔엔터테인먼트 등 인수 사례도 그룹 확장형 모멘텀이라고 할 수 있다.

재무 이론적인 관점에서 보면 한 기업이 사업적으로 상관관계가 낮은 다른 기업에 분산투자하면 위험을 낮출 수 있다. 그룹 확장형

M&A는 기업의 규모를 키우면서 기존 사업과 상관관계가 낮은 신규 사업에 분산투자를 함으로써 기업 전체적으로는 위험감소 효과를 누린다는 점에서 의미가 있다고 하겠다.

그룹 확장형 M&A 모멘텀은 시장에서 기업의 변화 시도로 평가된다. 긍정적인 평가를 받는 경우 주가와 기업가치의 상승으로 이어지기도 하지만 뚜렷한 목적 없이 거래가 지속된다면 해당 기업의 리스크만 키워 인수기업이 경영위기를 맞이하는 경우도 있다.

사업 확대형 모멘텀

기존 사업과 동일하거나 유사한 사업을 영위하는 다른 기업을 인수하여 사업 자체의 규모를 확대하는 방식의 M&A 모멘텀이다.

대표적인 예로 사모펀드가 인수한 기업에서 주로 사용되는 볼트온 (Bolt-on) M&A 전략을 들 수 있다. 볼트온 M&A 전략은 사모펀드가 인수한 기업을 통하여 다른 기업을 인수함으로써 그 기업의 가치를 끌어올리는 전략을 말한다. 인수한 기업의 내부 유보현금 등을 활용하여 다른 기업을 M&A함으로써 인수한 기업의 사업을 더욱 확대하여 기업가치를 높이는 방법으로서 '애드온(Add-on) 전략'이라고도 한다.

사업 확대형 M&A는 인수기업이 규모의 경제 확보로 원가 절감과 경쟁자의 감소를 통해 기업가치를 높일 수 있는 기회를 얻는다는 점에서 의미가 있다.

특히 이러한 사업 확대형 M&A는 해당 산업에 특별한 시장 지배적 사업자가 없는 경우 더욱 유용하다. 업계에 뚜렷한 선두 업체가 없는 산업이라면 소규모 업체 간의 경쟁으로 이익률이 낮을 수 있는데, 특정 기업이 규모를 확대하여 일단 산업 내 지배적 사업자 지위를 선점하고 경쟁에서 승자로 남는다면 이익률과 기업가치의 상승을 누릴 수 있는 기회를 얻을 수 있기 때문이다.

웅진식품의 볼트온 M&A 전략

950억에 인수한 회사, 2,600억에 되판 비결
인수기업 앞세워 또 M&A PEF '볼트온 전략' 짭짤

한앤컴퍼니는 2013년 9월 웅진그룹에서 950억 원에 웅진식품을 인수했다. 한앤컴퍼니에 인수된 웅진식품은 자체적으로 대영식품, 동부팜가야 등 기업을 인수했다. 그 덕분에 식품 포트폴리오는 기존 아침햇살, 초록매실 등에 더해 가야토마토농장 등 음료는 물론 제과와 사탕 등까지 다양해졌다.

한앤컴퍼니가 직접 대영식품 등을 인수할 수도 있었다. 그러나 이들 기업을 별개로 운영하는 것보다 웅진식품에 통합해 운영하는 게 보다 효율적이란 판단에 인수 주체가 웅진식품이 된 것이다.

투자은행(IB) 관계자는 "볼트온 전략을 통해 기존 투자 기업의 사업 확장성을 높이는 한편 기업이 보유한 현금성 자산 등을 적극 활용해 투자원금을 아끼는 효과까지 누릴 수 있었다"고 설명했다.

이 같은 볼트온 전략을 통해 웅진식품 기업가치는 크게 높아졌으며 지난달 대만 식품유통 기업 퉁이그룹에 2,600억 원을 받고 매각하는 데 성공했다.

〈매일경제신문〉, 2019. 01. 10, 정석환 기자

M&A의 성패는 타깃 선정에서 결정된다

M&A는 기업의 비전과 목표에 맞는 대상기업(Target)을 선정하는 작업부터 시작된다.

자산운용에 있어서 수익률이 자산배분(Asset Allocation) 전략과 그에 맞는 개별 종목의 선택에 의해 결정되는 것처럼, M&A의 성패는 기업목표와 전략의 적절성과 대상기업의 선택에 따라 결정된다.

적절한 타깃 선정은 M&A를 성공으로 이끌기 위한 필수조건이다. 모든 거래 절차를 완벽하게 실행하더라도 대상기업을 잘못 선정한다면, 그 거래는 시작부터 이미 실패한 것이나 마찬가지다.

기업이 추구하는 목표와 전략에 부합하지 않는 대상기업을 M&A한다면, 그것이 무슨 의미가 있겠는가? 타깃의 선정은 M&A 실행의 첫 단추이며 성패를 결정하는 가장 중요한 단계이다. 잘못된 타깃 선정은 수많은 인력의 시간과 비용의 낭비를 초래할 뿐만 아니라, 잘못하면 인수기업까지 위험에 빠트릴 수 있으므로 신중한 의사결정이 필요하다.

적절한 M&A 대상기업을 선정하기 위한 기준은 기업마다 다르며 일률적으로 규정할 수 없지만, 타깃 선정 시 투자자가 반드시 고려해야 할 체크 포인트가 있다.

첫째는 전략에 부합하는지 여부, 둘째는 핵심 역량 보유 여부, 셋째는 재무적 기준이다.

M&A 타깃 선정의 체크 포인트

구분	체크 사항	의미
전략적 부합 여부	기업의 비전과 목표 및 전략에 부합하는지 여부	기업이 수립한 전략에 부합하는 기업만을 M&A 대상기업으로 검토함
핵심 역량 보유 여부	대상기업에 고객관계, 기술력, 인력, 특허권, 인허가, 브랜드 등 핵심적인 강점이 있는지 여부	최소한 한 가지 이상의 핵심 역량을 보유하고 있어야 M&A의 가치가 있음
재무적 기준	일정 규모 이상의 매출액 또는 영업이익, 일정 비율 이상의 영업 이익율	규모가 지나치게 작거나 또는 이익률이 과도하게 낮은 경우 M&A 투자의 비용 대비 효익이 낮을 수 있음

전략에 부합하는가

타깃 선정 시 가장 먼저 생각해야 하는 것은 목표와 전략에 부합하는지 여부이다. 여러 체크 포인트 중 가장 중요한 요소이다.

기업의 목표와 전략에 기반하지 않은 M&A는 무의미한 투자가 될 수 있고 그만큼 실패 확률 또한 높다. 특히 기업이 이종산업의 M&A를 검토할 때에는 전략에 부합하는지 여부를 좀 더 면밀히 검토할 필요가 있다.

기업은 M&A 대상기업을 직접 선정하여 접촉하는 방식보다는 매물 정보를 접하고 난 후 검토하게 되는 경우가 많다. 이 과정에서 매물이 당초 생각했던 전략적 방향성과 다름에도 불구하고 일단 매각이 진행된다는 사실에 집중하여 M&A에 적극적으로 뛰어들게 되는 경우를 종종 볼 수 있다.

특히 대상기업이 특정 업종에서 선두 기업인 경우 이러한 상황이 자주 발생한다. 대상기업을 인수함으로써 해당 산업에 빠르게 진출하고 우위를 차지할 수 있다는 점에 이끌려 당초 수립했던 전략에 부합하지 않는 M&A를 검토하게 되고, 이 과정에서 거래를 실제로 완료하기도 한다.

수많은 M&A 실패 사례가 이종산업 기업의 인수에서 나왔다는 점은 이종산업 기업을 대상으로 M&A에 나설 때에는 기업이 좀 더 신중하게 접근해야 함을 반증한다. 특히 성공적인 경영을 해왔던 경영자들은 과거 성공에 대한 자신감으로 어떤 M&A든 충분히 성공시킬 수 있다는 오판을 하는 경우가 많다.

AOL과 타임워너 간의 합병, HP의 검색엔진 업체 오토노미 인수, 이베이의 인터넷 전화 업체 스카이프 인수, 구글의 모토로라 인수 등 이종업종 간 M&A에서의 실패 사례는 셀 수 없이 많다.

핵심 역량을 보유했는가

기업을 M&A한다고 했을 때 투자자는 취득하는 대상기업의 핵심 역량이 무엇인지 분명히 알아야 한다. 매수인이 대상기업이 가진 어떠한 핵심 역량을 인수하는지에 대해 명확히 말할 수 있어야 성공적인 M&A로 이어진다.

M&A는 기업의 경영권을 사고파는 거래이지만, 매수인은 그 거래로 무엇을 얻고자 하는가에 대한 질문에 답할 수 있어야 한다. 매수인이 M&A로 인수하는 기업의 핵심 역량은 대상기업이 보유한 기술력이 될 수도 있고 브랜드나 인력이 될 수도 있다.

만약 투자자가 대상기업의 어떤 핵심 역량을 인수하는지 답할 수 없다면 M&A를 하는 것보다 그린필드 투자를 검토하는 것이 더 나을 수 있다.

재무적 기준을 충족하는가

M&A는 궁극적으로 주주가치 극대화에 그 목적이 있기 때문에 대상기업을 선정할 때에는 인수 후 오히려 주주가치가 악화되는 것은 아닌지 체크해야 한다.

M&A는 거래 과정뿐 아니라 거래 이후까지 많은 노력과 비용이 투입되기 때문에 큰 규모의 기업이 너무 작은 규모의 M&A를 검토하는 것은 투입비용 대비 효익이 크지 않을 수 있다는 점을 주의해야 한다.

M&A 거래에 소요되는 비용보다 큰 효익을 추구하기 위해서는 인수 후 기대할 수 있는 수익이 어느 정도 확보되어야 하는데, 거래가 작은 규모라면 기대할 수 있는 수익에 한계가 있다. 예를 들면 매출이 수조 원 단위인 기업이 수백억 원대의 매출을 기록하는 기업을 M&A함으로써 얻는 수익은 미미할 수 있다.

투자자 입장에서는 어느 정도 재무적 기준을 사전에 설정하고 대상기업이 일정 규모 이상의 매출액이나 영업이익을 창출하지 못한다면 처음부터 M&A 대상으로 고려하지 않는 것이 효율적이다. 큰 규모의 기업이 작은 규모의 기업을 M&A하기 위해서는 특허, 기술력, 인력 등 매우 특별한 역량을 보유해야 하는 추가적인 조건이 필요할 수 있다.

또한 매수인은 M&A에 나설 때 대상기업의 수익률이 인수기업의 수익률보다 나은지 여부도 살펴볼 필요가 있다. 높은 영업이익률을 기록하고 있는 기업이 상대적으로 낮은 영업이익률을 가진 기업을 M&A할 때 시장 참여자들은 그 거래의 배경을 궁금해한다. M&A를 통해 매출액 규모가 커졌다고 하더라도 이익률이 악화되는 상황은 인수기업에 대한 시장의 평가에 부정적 영향을 줄 수 있다.

타깃 선정의 구체적 기준

어떤 다리를 건너야 할지,
어떤 다리를 불태워 없애야 할지 아는 것이
인생에서 가장 어렵다.

— 데이비드 러셀 —

하나의 M&A를 성사시키기 위해서는 수많은 탐색과 조사가 수반
된다.

일반적으로 기업이 하나의 M&A를 실행하기까지는 수십 건 또는
수백 건의 M&A 대상후보를 두고 검토한다. 예를 들면 100건의 M&A
기회를 접하면 20건 정도를 살펴보고 5건 정도는 실사를 진행하고 그
중 1건의 거래가 종결되는 식이다.

이렇게 하나의 거래를 종결하기 위해서는 수많은 딜을 검토해야 하는데, 투자자가 일정한 원칙과 효율적인 접근 방법을 가지고 있지 않다면 딜을 탐색하는 과정에서 상당한 비효율과 비용이 발생할 수밖에 없다.

매수인 입장에서 딜을 검토할지 여부를 결정하기 위해서는 사전에 설정한 기준이 반드시 필요하다. 딜 정보를 접하였을 때 검토할 것인지 아닌지, 실사 단계를 진행할 것인지 아닌지 등을 결정하기 위해서는 기준이 있어야 하는 것이다. 미리 이러한 기준을 설정해 놓는다면 M&A 정보를 접하였을 때 참여할 것인지 말지에 대한 빠른 의사결정을 할 수 있으며, 불필요한 시간과 비용 투입을 예방할 수 있다.

M&A 경험이 많은 기업은 대부분 딜에 대한 기준을 보유하고 있으며 이것을 기반으로 딜을 검토할지 여부를 신속하게 결정한다. 이들 기업은 딜에 대한 검토를 반복하는 과정에서 기준을 계속적으로 수정하고 보완해 나간다.

사전적인 딜 검토 기준을 갖추고 있어야 갑작스럽게 오는 여러 딜 정보에 대하여 효율적으로 대응할 수 있으며, 그 기준이 구체적일수록 전략과 목표에 부합하는 M&A 기회를 포착할 가능성이 커진다.

M&A 딜 정보에 대한 검토 기준은 기업마다 다르지만, 대부분의 기업이 공통적으로 이용하는 기준 몇 가지를 살펴보자.

산업

전략적 방향과 목표를 기반으로 M&A를 검토할 대상 산업군을 사전에 설정할 수 있다. 예를 들면 헬스케어 관련 사업, 바이오 관련 사업, 플라스틱 부품 관련 사업 등으로 산업을 구체화하는 식이다. 각 산업 내에서 Top 5 또는 Top 10 업체만을 검토한다는 등의 세부적인 기준도 정할 수 있다.

매출액

일정한 매출액 규모를 기준으로 설정할 수 있다. 예를 들면, 매출액 최소 500억 원 이상 등의 기준을 두는 것이다.

산업에 따라 다르지만 일정 수준의 매출액에 다다르지 않는 경우 M&A 대상 자체로서 무의미할 때도 있다. 유통업 같은 산업에서 기업의 매출액이 작다면 기업을 인수하는 것보다 점포라는 자산으로 거래하는 것이 적절할 수 있다.

앞서 살펴 보았지만 M&A는 거래를 검토한다는 것 자체로 많은 비용이 소요되므로 일정 매출액 이상의 기업을 거래 대상으로 검토하는 것이 효율적이다.

수익성

　영업이익률 5% 이상 또는 최근 3년간 영업이익 시현 등의 기준을 설정할 수 있다. 기업을 인수한다는 것은 해당 기업의 이익창출 능력을 인수하는 것으로 해석될 만큼 기업의 수익성은 매우 중요한 요소이다.

　M&A를 고려하는 많은 기업이 수익성을 딜 검토 기준으로 사용한다. 어떤 기업은 손실이 발생하는 기업을 인수한 이후 턴어라운드에 상당한 어려움을 겪었던 경험을 바탕으로 최근 3년간 영업이익이 발생하지 않은 기업은 아예 검토 대상에서 제외한다는 원칙을 가지고 있는 경우도 있었다. 반대로 염가 매수 기회를 추구하기 위해 회생기업 등 재무적 위기에 처한 기업만을 M&A 대상으로 검토하는 투자자도 있다.

특정 자산 보유 여부

　특정 지역에 일정 규모 이상의 공장 보유, 기술과 관련된 특허권 보유, 산업과 관련한 인허가 보유 등 대상기업의 유형자산 또는 무형자산의 보유 여부를 기준으로 설정할 수 있다.

　매수인의 M&A 목표나 시너지 창출 전략이 사전에 구체적으로 설정되어 있다면 이러한 기준을 더욱 명확하게 적용할 수 있을 것이다.

지분율 수준

  '100% 지분', '50%+1주 이상의 지분' 등 거래로 취득하는 지분율 수준을 검토 기준으로 설정할 수 있다.

  매수인은 인수 이후 재무제표에 미치는 영향 등을 고려하여 거래 후 지분율을 중요한 기준으로 정하는 경우가 많다. 예를 들면 안정적 경영권 확보와 동시에 연결재무제표로 실적 합산 등을 추구하는 인수자라면 50%+1주를 기준으로 설정할 것이며, 인수 직후 단기간 내에 합병할 목적으로 거래를 탐색하고 있다면 합병 절차의 편의를 위해 100% 지분율을 기준으로 세울 수 있을 것이다.

  위에서 언급한 기준 외에도 특정 지역에서의 매출 발생 유무, 특정 고객 편중성 등 다양한 사전 검토 기준을 고려할 수 있다.

  최근에는 M&A 매수희망자가 사전적인 딜 검토 기준을 구체화하여 타깃이 될 만한 기업 리스트를 정리하고 이들 대상기업에 먼저 접촉하여 거래 의사를 타진하는 능동적인 접근 방법을 이용하는 경우가 늘어나는 추세이다.

  특히 특정 산업을 중점적으로 인수하는 사모펀드 등에서 이러한 접근이 많이 나타난다. 매수희망자 입장에서는 사전에 설정한 기준에 맞는 대상기업을 프라이빗 딜로 진행할 수 있는 기회를 추구할 수 있다는 점에서 의미가 있다.

능동적인 타깃 선정의 예시

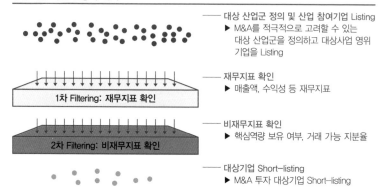

— 대상 산업군 정의 및 산업 참여기업 Listing
  ▶ M&A를 적극적으로 고려할 수 있는
    대상 산업군을 정의하고 대상사업 영위
    기업을 Listing

1차 Filtering: 재무지표 확인

— 재무지표 확인
  ▶ 매출액, 수익성 등 재무지표

2차 Filtering: 비재무지표 확인

— 비재무지표 확인
  ▶ 핵심역량 보유 여부, 거래 가능 지분율

— 대상기업 Short-listing
  ▶ M&A 투자 대상기업 Short-listing

인수 대상에 대한 탐색

> 좋은 아이디어를 얻는 최고의 방법은 가능한 한
> 많은 아이디어를 확보하는 것이다.
>
> ― 라이너스 폴링 ―

　공개적으로 진행되는 옥션 딜을 제외하면 투자자가 M&A 정보를 접할 수 있는 기회는 매우 제한적이다. 공개적으로 진행되는 딜보다 비공개로 진행되는 딜이 훨씬 많기 때문이다.

　투자자는 적합한 M&A 대상기입을 발견하였을 때, 다른 경쟁자와 인수경쟁을 벌이는 상황을 원하지 않는다. 매수희망자 입장에서는 통상 개별적인 협상에 의한 프라이빗 딜 방식을 선호한다. 프라이빗 딜은 매수인 입장에서 거래를 주도적으로 리드하기에 용이하고 가격이나 거래조건 또한 옥션 딜에 비하여 상대적으로 매수인 측에 유리하게 결정되는 것이 일반적이기 때문이다.

그렇다면 투자자는 어떻게 프라이빗 딜의 기회를 얻을까?

프라이빗 딜 정보는 투자자의 네트워크를 통해서 얻을 수밖에 없다. 즉, 투자자는 M&A 정보를 가진 자와 접촉하거나 교류를 통하여 거래 정보를 얻는다. 거래 정보는 언제 누구를 통하여 올지 예측하기 어렵기 때문에, 투자자는 가급적 광범위한 네트워크를 확보할 필요가 있다.

투자자가 M&A 기회 정보를 얻는 채널은 매우 다양하지만 대표적인 채널은 M&A 자문사, 재무적 투자자, 금융기관 등이다.

M&A 자문사: IB M&A부문, 회계법인 M&A부서, M&A부티크 등

M&A 자문사는 거래를 중개하고 주선하는 업무를 통해 수익을 내는 기관이다. 이들은 연중 계속적으로 거래를 탐색하며 전략적 투자자, 재무적 투자자, 금융기관 등 다수의 기관과의 교류를 통하여 기회를 모색한다.

M&A 자문사들은 딜 기회를 소개하는 것을 주 업무로 하므로 가지고 있는 정보를 적극적으로 제공하는 경우가 많다. 이들은 M&A 거래 정보를 제공하는 가장 중요한 정보원이므로 투자자 입장에서 이들과의 네트워크 형성은 필수적이다.

M&A 경험이 많은 기업은 다양한 자문사와의 관계를 유지하고 교

류하며, 이들을 통하여 프라이빗 딜로 거래를 진행할 수 있는 기회를 찾는다.

재무적 투자자: 사모펀드 운영사, Venture Capital 등

자본이득을 추구할 목적으로 기업에 투자하는 재무적 투자자 또한 M&A 거래의 중요한 정보원이다.

이들은 직접 투자한 포트폴리오 기업의 M&A 니즈를 파악하고 있는 경우가 많으며, 때에 따라서는 기업을 직접 매각하는 매도인 입장이 되기도 한다. 따라서 투자자는 이들과의 교류를 통해 매우 프라이빗한 거래 정보를 얻을 수 있으며, 딜이 공개적으로 진행되기 전에 검토할 기회를 갖기도 한다.

금융기관: 은행 기업여신담당자 등

금융기관의 기업여신담당자(RM)는 기업에 대한 고급 정보를 가지고 있는 경우가 많다. 특히 전통적인 제조업 등 금융기관 여신 거래가 많은 업종일수록 많은 정보를 가지고 있다.

금융기관 기업여신담당자는 기업의 핵심 임원과 교류가 잦고 중소

규모 기업의 최대주주와 직접 교류하기도 하여 자금 상황이나 가업 승계 등 다양한 사항에 대하여 고급 정보를 가지고 있는 경우가 많다. 중소기업이나 한계기업의 경우에는 다른 곳에서 얻을 수 없는 정보를 이들로부터 종종 얻는다.

기타: 산업 유관 협회, 전시회, 심포지엄, 기업 내부 현업 부서 등

특정 산업과 관련된 협회나 전시회 등 산업 종사자 간의 교류 기회에서 M&A 정보를 얻을 수도 있다.

전략적 투자자의 경우에는 기업 내부의 현업 담당자로부터 M&A 정보를 얻기도 한다. 예를 들면 기업 내부 현업의 담당자가 원재료 조달 거래처나 매출 거래처와의 교류 과정에서 M&A 정보를 얻게 되는 경우다.

M&A 기회의 포착에는 네트워크의 깊이보다는 다양성과 넓이가 더 중요하다.

M&A 정보는 가까운 주변의 인물보다는 평소 알고 지내는 정도의 관계의 네트워크를 통하여 오는 때가 많으므로 투자자는 최대한 다양한 채널을 유지하는 게 바람직하다.

가끔 M&A에 관심이 있는 기업인데 M&A 자문사, 재무적 투자자 등 외부와의 접촉이나 미팅에 폐쇄적인 기업을 목격할 수 있다. 그러나 이는 거래 정보를 얻을 수 있는 기회를 차단한다는 점에서 바람직하지 않다. M&A를 실행하고자 하는 투자자라면 다양한 기관과 네트워크를 구축하고 이들과 주기적으로 교류하는 것이 필요하다.

투자자는 거래 기회를 제공할 수 있는 채널을 통해 어떤 산업에 관심이 있는지, 어떤 목적으로 M&A를 모색하는지, 어느 정도 규모의 거래를 찾고 있는지 등 본인이 사전에 설정한 기준을 공유하는 것이 바람직하다. 투자자는 이러한 정보 공유를 통해 네트워크 기관이 투자자에게 맞는 M&A 기회를 포착했을 때 해당 정보를 신속하게 제공받을 수 있는 기회를 얻을 것이다.

2

CHAPTER

一

거래의 시작

一

M&A 절차의 설계

적합한 대상기업을 찾았고 M&A를 시도하기로 했다면, 어떻게 거래를 진행할지 절차를 준비하고 계획해야 한다.

M&A 절차는 특별히 정해진 규칙이 없으며 거래 당사자가 상황에 맞게 정하면 된다. 대상회사가 회생기업이거나 매도인이 공공기관인 경우에는 절차가 규정되어 있기도 하지만 일반적인 M&A 거래는 상황에 맞게 거래 당사자가 결정하여 진행한다.

M&A에 특별한 규칙이나 규정이 존재하지 않을지라도, 과거 수십 년간 많은 거래가 진행되면서 M&A 시장 참여자들 사이에서 일반적이라고 인식된 절차의 틀은 존재한다.

M&A는 일반적으로 '거래의향 확인 → CA 체결 → 예비적 제안 → Term sheet(MOU, LOI 등) 체결 → 실사(DD) → 본계약(DA) 체결 → 거래종결(Closing)'의 순서에 따라 진행된다.

일반적인 M&A 진행 절차

거래 의향 확인

첫 번째 절차는 대상기업의 거래 의향을 확인하는 것이다. 대상기업이 아무리 매력적이고 전략적 목표에 부합하는 기업이라 할지라도 정작 매도인의 거래 의향이 없다면 M&A는 시작될 수 없다.

거래 의향을 확인하기 위해서는 경영권을 가진 오너에게 접촉해 의사를 타진해야 한다. 그런데 기업의 오너와 거래를 논하는 것 자체가 쉬운 일이 아니기 때문에 거래 의향을 확인하는 단계는 M&A 과정에서 가장 어렵고 중요한 절차 중 하나이다.

매수인은 거래 의사를 전하는 과정에서 매도인과 첫 번째 접촉을 하게 되는데 여기서의 커뮤니케이션은 M&A 거래 전체에 매우 중요한 영향을 미치게 된다. 자칫 첫 접촉에서 커뮤니케이션이 잘못될 경우 매도인이 거래 의사를 가졌더라도 거래 진행으로 이루어지지 않을 수 있으며, 상황 역시 투자자가 의도하지 않은 방향으로 흘러갈 수 있다.

이 때문에 거래 의향 확인은 M&A 전문부서의 임원, M&A 자문사 등 관련 경험이 많은 사람을 통하여 이루어지는 것이 일반적이다.

비밀유지확약서 체결

매도인이 거래를 논의하고자 한다면, 접촉해 온 투자자에게 거래가격 등의 개략적인 거래조건의 제시를 원하는 것이 일반적이다.

투자자 입장에서 거래가격 등 거래조건을 도출하기 위해서는 대상기업의 공개되지 않은 추가적인 정보가 필요하다. 이러한 추가적인 비공개 정보를 매도인이 투자자에게 제공하기 전, 비밀유지확약서(CA, Confidential Agreement)를 체결하게 된다.

비밀유지확약서는 투자자가 제공받는 대상기업의 비밀정보를 외부로 유출하지 않고 투자 검토에 관련하여서만 이용하겠다는 약속을 하는 확약서이다. 따라서 비밀정보의 정의 및 취급에 관한 사항을 담게 되며, 거래가 진행되고 있다는 사실이나 진행 상황 또한 비밀정보에 포함된다.

투자자는 통상 CA 체결을 전후한 시점에서 외부 자문사 선정을 검토한다.

예비적 제안

투자자는 매도인으로부터 제공받은 비밀정보와 이미 공개되어 있는 정보에 대한 검토를 바탕으로 대상기업에 대한 예비적 평가를 진행한다. 이때 매도인으로부터 대상기업에 대한 투자설명서(IM, Information Memorandum) 등이 제공되기도 한다.

예비적 제안에는 거래의 대상, 거래가격, 거래대금의 지급 방법과 시기 등 기본적인 거래조건들이 제시되며 독점적 협상 기간 등이 포함된다. 매도인은 투자자가 제시한 제안을 검토하여 투자자와 거래 논의를 계속 진행할지 여부를 결정하게 된다.

예비적 제안은 대상기업에 대한 상세실사가 진행되기 전의 제안으로서 일반적으로 법적 구속력이 없는 제안(Non-binding proposal)의 형태로 이루어지며 'LOI(Letter of Intent)' 등의 문서 형태로 제시된다.

텀시트 체결

매도인이 투자자의 예비적 제안을 받아보고 거래 논의를 계속 진행하기로 결정했다면, 거래조건에 대한 거래 당사자 간 이해를 문서화하여 텀시트를 작성하게 된다. 텀시트는 거래조건에 대한 기본적인 사항을 열거하고 각 사항에 대하여 거래 당사자 간 이해가 같다는 것을 합의하는 문서이다. 이 단계에서의 문서를 '양해각서(MOU, Memorandum Of Understanding)'라고 표현하기도 한다.

텀시트는 최종적인 거래계약(DA, Definitive Agreement)의 근간이 되며 거래 당사자 간 거래조건의 기본 줄기를 만드는 작업이다.

텀시트에 정해진 양식은 없으며 투자자가 제안한 LOI나 인디커티브 오퍼(Indicative offer)에 매도인이 서명(Counter sign)하는 형태로 대신하기도 한다. 문서의 형태나 명칭은 크게 중요하지 않으며, 이 단계에서는 기본적으로 거래대상, 거래가격 등의 주요 거래조건에 대한 거래 당사자 간의 예비적인 이해를 문서화한다.

한편 경쟁입찰로 진행되는 M&A 거래에서는 텀시트 체결 절차는 생략하는 경우도 있으며 투자자가 제시한 예비적 제안을 검토한 매도인이 투자자에게 상세실사 단계에 참여할 자격을 통보하는 형태로 절차가 진행되기도 한다.

상세실사

투자자는 상세실사를 통해 기업 전반에 대한 심층적인 검토를 하게 된다. 통상적으로 상세실사를 'DD(Due Diligence)'라고 일컫는다.

텀시트를 체결하기 전까지 매도인 입장에서는 거래조건에 대한 윤곽을 잡기 어렵고 거래협의를 계속 진행할지 여부에 대한 의사결정이 이루어지지 않은 상태이므로 투자자에게 제공할 수 있는 정보가 아무래도 제한적일 수밖에 없다. 매도인은 상세실사 과정에서 대상기업에 대한 세부적인 정보를 제공하며 투자자는 영업, 재무(세무), 법률 등 기업의 여러 분야에 대해 실사를 수행한다.

투자자는 상세실사를 통해 대상기업의 역량이 유효하게 작동하는지, 인수가격은 적절한지, 기업에 위험요소는 없는지 등 거래에 영향을 미칠 수 있는 다양한 사항들을 점검하고 확인한다.

투자자는 상세실사를 통하여 거래 계약서에 반영하여야 할 주요 사항을 구체화하며, 인수 후 통합 작업에 대한 계획을 수립한다.

본계약 체결

투자자가 상세실사를 마치면 거래대상, 거래가격 등 거래조건을 확정하고 매도인과 최종 협상을 진행한다. 투자자는 상세실사 후 발견된 사항을 기초로 기존 텀시트에서 수정된 거래조건을 제시하기도 한다.

투자자는 매도인과 거래조건에 대한 협상을 거쳐 본계약에 포함될 사항을 확정하고, 계약서에 규정될 조항에 대하여 면밀한 검토와 협의를 진행한다. 경쟁입찰 형태의 거래 등 매도인이 주도하는 M&A에서는 상세실사 후 투자자로부터 최종 거래조건에 대해 별도의 본제안(Binding proposal)으로 받는 경우가 많으며 이 과정에서 본계약서의 구체적인 내용까지 정하기도 한다.

본계약 체결 시에는 매수인과 매도인이 각자 이사회 등 필요한 승인 절차를 진행하며 주로 이 단계에서 거래의 공표, 주식시장에의 공시 등이 이루어진다.

거래종결

본계약 체결이 되었다고 거래가 종결(Closing)되는 것은 아니며, 거래는 모든 대금이 지급되고 거래대상의 양도 절차가 완료되어야 비로소 종결된다.

통상 본계약에서는 거래가 종결되기 위해 선행되어야 할 요건을 정하게 되는데 대표적인 것으로 매수인과 매도인의 내부 승인, 기타 규제기관 등의 승인 등을 들 수 있다. 거래 당사자는 각자 선행요건이 충족된 것을 확인한 후 거래종결 시점이 되면 매수인은 거래대금 지급을 완료하고 매도인은 주식 등을 양도하는 절차를 이행한다.

거래종결과 동시에 경영권의 이전행위가 이루어지는 것이 일반적이며, 이 과정에서 매수인의 이사 선임 절차 등이 병행된다.

타깃 기업 접촉

> 만일 당신이 주저한다면 당신이 원하는 것을 얻기 전에
> 어떤 다른 용감한 손이 뻗어 나와 그것을 채갈 것이다.
>
> — P.T. 바넘 —

M&A는 대상기업에 거래 의사를 확인하는 것부터 시작된다. 이미 대상기업의 경영권 매각이 결정되어 시장에 매물로 나온 상태라면 투자자는 대상기업의 매각주간사 등 매도인 측에 거래 의향을 직접 표시함으로써 거래에 참가한다. 그러나 대상기업의 거래 의사를 알 수 없다면 투자자가 매도인과 직접 접촉하여 확인해야 한다.

거래 의사를 확인하기 위한 첫 번째 접촉은 M&A 전체 과정에서 가장 중요한 절차라고 할 수 있다. 이 단계에서 커뮤니케이션이 어떻게 이루어지는가에 따라 거래가 시작될지 아닐지 결정되기 때문이다.

누구에게 접촉할 것인가

M&A 거래 논의를 시작하기 위해서는 대상기업의 경영권을 가진 주주에게 접촉하여 거래 의사를 타진해야 한다. 즉, 대상기업이 아니라 그 기업의 경영권 지분을 가진 오너(Owner)에게 접촉해야 하는 것이다.

오너가 아닌 다른 사람에게 기업의 의사의 확인을 시도하는 것은 큰 의미가 없으므로 유의해야 한다. M&A 거래 의사 확인을 위해 오너가 아닌 대상기업의 전문경영인이나 임원에게 접촉하는 경우가 종종 있는데, 자칫 잘못하면 투자자의 거래 의향 정보만 노출되고 정작 오너가 어떤 의향을 가지고 있는지는 파악도 못할 수 있다.

오너가 아닌 사람과 만나 거래 가능성을 확인한다면, M&A에 관심이 없다는 답변을 받을 확률이 높다. 대상기업의 전문경영인 등 임원과 접촉하는 경우 이들은 오너의 생각을 잘 이해하고 있다고 확신한 나머지 확인 절차 없이 본인의 생각을 답변하기도 하며, 만약 오너에게 투자자의 접촉 사실과 의향을 전달한다고 하더라도 오너가 이들에게 솔직한 생각을 분명히 드러내기 어려울 수도 있기 때문이다.

따라서 거래 의사를 확인하기 위해서는 어떻게든 오너에게 직접 의향을 표시하는 것이 바람직하다. 만약 오너와 직접 접촉하기 어려운 상황이라면, 오너에게 투자자의 거래 의사를 분명히 전달할 수 있고 직접적인 커뮤니케이션이 가능한 사람을 찾아야 한다. 이러한 사람은 대상기업에 오랫동안 근무한 임원일 수도 있고, 어떤 경우에는 기업에 소속되어 있지 않지만 오너와 의사소통을 하는 외부 인물일 수도 있다.

어떤 경로로 접촉을 하든 중요한 것은 M&A 거래 의사에 대한 최종 답변은 반드시 오너의 피드백이어야 한다는 것이다.

누가 접촉할 것인가

거래 의향 확인을 위한 첫 번째 접촉은 M&A의 진행 여부와 방향을 결정하는 매우 중요한 단계이기 때문에 담당자는 커뮤니케이션 경험이 풍부한 사람이어야 한다.

어렵게 얻은 대상기업 오너와의 미팅 자리에서 잘못하면 거래 의사를 확인조차 못 할 수도 있으며, 첫 미팅에서 매도인의 감정을 상하게 하는 상황이 생길 수도 있기 때문에 M&A 전담부서 책임자, M&A 자문사 등 가급적 경험이 많은 사람이 맡는 것이 효과적이다.

인수기업보다 대상기업의 규모가 큰 경우에는 투자자 측의 CEO가 직접 거래 의사를 전하는 것도 방법이다. 아무래도 대상기업의 규모가 크다면 매도인 측의 주요 인사와 접촉하는 것 자체가 어려울 수 있기 때문이다.

투자자에 따라서는 본인의 이름을 밝히지 않은 상태에서 대상기업의 거래 논의 가능성을 확인해보기도 한다. 이 경우에는 주로 M&A

자문사를 통한 접근을 시도하는데 특히 언론에 민감한 대기업 등에서 이러한 경향이 나타난다.

어떻게 커뮤니케이션할 것인가

M&A 거래 의사는 대부분 대면 미팅에서 전달되며, 명확한 커뮤니케이션을 위해 서신(Letter)을 통해서 의향을 드러내기도 한다.

미팅이든 서신이든 매도인에게 거래 의향을 전할 기회를 얻었다면 투자자에 대한 소개, 그리고 거래에 관심이 있는 이유를 진정성 있게 설명해야 한다. 단순히 대상기업 M&A에 관심이 있다는 의사 표시보다는 왜 대상기업의 인수에 관심이 있는지, 거래 후 대상기업에 어떠한 긍정적인 영향이 생길 것으로 예상하는지 등에 대한 내용도 미리 준비해서 매도인에게 함께 설명하고 제시하는 것이 효과적이다.

특히 거래를 제안한 투자자가 대상기업과 전혀 다른 업종을 경영하고 있거나, 이름이 알려지지 않은 소규모 회사나 개인인 경우에는 매도인이 거래 논의를 해도 되는 것인지 의구심을 가질 수 있기 때문에 더욱 철저한 준비가 필요하다.

투자자는 첫 번째 접촉에서 매도인에게 신뢰할 수 있는 상대라는 인상을 심어주는 것이 중요하다. 투자자의 M&A 의사를 전달받았을 때 매도인은 투자자의 평판, 자금조달 능력 등 다양한 사항을 살펴보게 되는데, 가장 적합한 인수자라는 생각이 든다면 프라이빗 딜 기회를 얻을 가능성이 높아진다.

만약 첫 번째 접촉에서 투자자가 매도인에게 적합한 인수자라는 인상을 주지 못한다면, 매도인에게 매각에 대해 생각하게 하는 계기만 만들어주고 매도인이 다른 제3의 투자자와 거래하는 것을 지켜만 봐야 하는 상황을 맞이할 수도 있다.

첫 번째 접촉에서 매도인이 바로 거래 의향을 드러내는 경우는 매우 드물며 거래에 대한 의향을 결정하고 입장을 정리하는 데에는 어느 정도 시간이 필요하다. 그 시간은 며칠이 될 수도 있고 몇 주가 걸릴 수도 있으며, 어떤 때에는 수개월을 넘기기도 한다. 따라서 투자자는 처음 접촉한 이후에 매도인과의 커뮤니케이션을 지속적으로 유지해야 한다.

타깃 기업 접촉과 커뮤니케이션 관련하여, 밥 아이거가 쓴 《디즈니만이 하는 것》에서 소개된 디즈니의 마블 인수에 관한 일화 일부를 소개한다. 실제 M&A 거래를 위한 접촉에서 이루어지는 커뮤니케이션을 이해하는 데 도움이 될 것이다.

"어쨌든 처음 만나는 사람과 고상한 인사말을 몇 마디 나눈 후에 곧바로 당신네 회사를 인수하고 싶다는 말을 꺼낼 수는 없는 노릇이었다. 물론 내가 자신의 사무실까지 찾아온 이유는 오직 한 가지밖에 없다는 점을 아이크도 알고 있으리라 짐작했다.

하지만 우리는 먼저 각자의 과거 이력과 현재 몸담고 있는 업계에 관해 담소를 나누었다. 그는 특히 픽사 인수에 관해 구체적으로 질문했고 나는 그들의 독특한 조직문화를 유지하는 데 주안점을 두고 진행했던 통합과정에 관해 이야기했다.

바로 그 시점이었다. 나는 내가 그 자리에 앉은 이유를 설명하고 마블과도 그와 유사한 무언가를 추진하기를 원한다는 생각을 전달했다. 아이크는 거절하지도 않았지만 덤벼들지도 않았다.

(중략) 나는 마블 인수에 관한 내 생각을 지나치게 피력하기보다 디즈니의 전도유망한 미래에 마블이 참여할 수 있는 방법에 관한 나의 비전을 펼쳐 보이는 수준에서 대화를 이어갔다. 식사가 끝날 무렵 그가 나에게 말했다. '생각을 좀 해봐야겠습니다.' 나는 다음 날 다시 연락하겠다고 대답했다.

다음 날 나는 그에게 전화를 걸었다. 아이크는 여전히 확신이 서지 않는다고 말했지만 분명 관심을 보이고 있었다."

거래방식의 선택

[
약점 때문에 목표를 달성할
기회를 놓치지 않도록 하라.

— 무명 씨 —
]

지분거래 vs 영업양수도 거래

기업의 경영권을 획득하는 거래는 일반적으로 경영권 지분을 인수하는 방식으로 진행되나, 상황에 따라서는 다른 방식이 고려되기도 한다.

투자자는 인수 목적, 기업의 우발채무 여부, 거래와 관련한 세금의 최소화 등의 관점에서 영업양수도 거래 등 다른 방식을 생각해 볼 수 있다.

지분거래 vs 영업양수도 거래

구조	지분거래(Share deal)	영업양수도 거래(Asset deal)
내용	주식 매매거래를 통하여 경영권을 양수도	사업 단위로 특정 사업을 양수도
특징	• 거래대금은 대상기업의 주주에 귀속함 • 지분거래를 통하여 대상기업의 자산, 부채, 권리 및 의무관계(고용관계 포함)가 모두 자동으로 승계됨 • 상대적으로 절차가 간편함 • 매수자가 지급하는 프리미엄에 대하여 세무상 비용으로 인정되지 않음	• 거래대금은 주주가 아닌 대상기업에 귀속함 • 거래 대상사업으로 규정한 사업과 관련된 자산, 부채, 권리 및 의무가 승계됨 • 포괄적으로 대상사업이 이전되더라도 개별적으로 권리, 의무관계를 이전하는 절차가 필요하며, 거래 절차 및 일정이 상대적으로 복잡함 • 매수자가 지급하는 프리미엄이 세무상 영업권으로 인정되는 경우 비용처리 가능함

지분거래는 주식을 거래대상으로 하지만 영업양수도 거래는 거래계약에서 정하는 특정한 사업과 관련 자산을 거래대상으로 한다. 거래되는 대상이 다른 만큼, 영업양수도 거래는 절차나 재무적인 측면에서 지분거래 방식과는 차이가 있다.

가장 큰 차이는 지분거래의 경우 매매대금이 대상기업 주주에게 귀속되나 영업양수도 거래는 거래대금이 대상기업에 귀속된다는 점이다. 즉, 영업양수도 거래는 매각 주체가 영업을 양도하는 기업이 되므로 거래대금은 주주가 아니라 그 기업에 귀속되는 것이다.

따라서 기업의 주주가 영업양수도에 따른 거래대금을 최종적으로 획득하려면 다시 배당 등의 과정을 거쳐야 하며 여기서 추가적인 세금 부담이 발생한다. 이러한 점 때문에 매도인은 특별한 상황이 아니라면 대부분 지분거래를 선호한다.

그러나 상황에 따라서 지분거래가 아닌 영업양수도 거래 등 다른 방식을 선택하는 경우가 있는데 이에 대해서 살펴보자.

일부 사업만을 거래대상으로 하고자 할 때

투자자 또는 매도인이 대상기업의 전체 사업이 아닌 일부 사업부문만을 거래하고자 하는 경우가 있다. 대상기업 내에 성격이 다른 둘 이상의 이종사업이 경영될 때, 투자자는 이 중 일부 사업에만 관심을 가질 수 있다. 이 경우 투자자는 '기업의 지분과 경영권을 먼저 인수한 후 관심이 없는 사업부를 매각하는 대안'과 '관심이 있는 사업부문만을 구분하여 양수하는 대안' 중에 선택해야 한다.

기업의 경영권 지분을 인수한 후 관심이 없는 사업부를 매각하는 대안은 투자자 입장에서 거래 후 다시 일부의 사업부를 매각해야 하는 부담을 가지므로 투자자는 가급적 원하는 사업부문만을 분리하여 양수하는 방식을 선호한다. 그러나 매도인이 대상기업 전체 사업을 매각하는 방식만을 희망한다면 어쩔 수 없이 기업을 인수한 이후 일부 사업부문을 재매각하는 방안을 고려해야 한다.

매도인의 협상력이 클수록, 투자자가 관심을 가지지 않는 사업부문이 기업 전체 규모 대비 작은 비중을 차지할수록 M&A 거래는 기업 전체를 대상으로 하고 거래 이후 불필요한 사업부문은 매수인이 알아서 정리하는 경우가 많다. 반대로 매수인의 협상력이 클수록, 투자자가 원하지 않는 사업부문이 기업 전체에서 차지하고 있는 비중이 클수록 투자자가 원하는 사업부문만을 거래대상으로 하는 경우가 많다.

우발채무 리스크가 존재할 때

기업에 세금, 소송 등 우발채무 리스크가 존재하는 경우 투자자 입장에서 이러한 리스크의 단절을 위해 지분거래가 아닌 영업양수도 거래 방식을 고려할 필요가 있다.

주식매매 계약에서 손실보전 또는 손해배상 조항을 통하여 우발채무 리스크를 헤지하는 것을 고려할 수 있으나, 해당 리스크가 계약상 장치로 제한하기에 큰 규모이거나 매도인의 신용도가 낮을 때에는 계약상 조항을 통해 헤지하는 방법이 적합하지 않다.

지분거래의 경우 기업의 모든 권리와 의무가 자동으로 승계되지만 영업양수도 거래의 경우에는 거래에서 제외되는 대상을 구분하여 거래대상이 되는 자산, 부채, 권리 및 의무만을 승계할 수 있으므로 리스크를 제한할 수 있다.

따라서 기업에 큰 우발채무 리스크가 존재할 때에는 투자자는 적극적으로 영업양수도 거래 방식의 선택을 고려할 필요가 있다. 다만, 기업의 모든 우발채무 리스크가 영업양수도 거래 방식의 채택으로 해결되는 것은 아니므로 회피하고자 하는 우발채무의 법률관계를 면밀히 검토해야 한다.

세무적인 이점을 고려하여야 할 때

지분거래의 경우에는 매수인이 지급한 영업권 등의 프리미엄은 주식 거래대금에 포함되므로 주식을 처분할 때까지 세무상 비용으로 처리할 수 없으나, 영업양수도 거래의 경우에는 일정한 조건을 충족하는 경우 거래대금에 포함된 프리미엄을 영업권으로 인식하여 세무상 비용으로 처리할 수 있다.

거래대금에 포함하여 지급한 프리미엄을 세무상 비용으로 처리할 수 있는지 여부는 거래 내용과 사안별로 다르기 때문에 거래 방식을 선택하기 전에 관련 세법 규정을 사전에 자세히 검토해야 한다.

단순히 세금적인 사항만으로 거래 방법을 결정하는 것은 아니지만, 투자자가 비상장기업으로 회계적 이익 변동성에 대한 부담보다 세무부담을 더욱 중요하게 고려해야 하는 상황이라면 거래구조 선택에 따른 세금 차이를 적극적으로 고려할 필요가 있다.

유통업체에서 매장 수 확대를 위한 점포 인수, 장치산업에서 공장의 인수 등 사업 확장을 목적으로 하는 M&A에서 지분거래가 아닌 영업양수도 거래가 종종 활용되는 것은, 인수자가 누릴 수 있는 세무적인 이점이 함께 고려된 것으로 볼 수 있다.

기업분할 후 지분거래 방식

앞에서는 거래 방법을 편의상 지분거래와 영업양수도 거래로 구분하였으나 거래 당사자는 영업양수도 거래 대신 '기업분할 후 지분거래' 방식을 고려할 수 있다. 즉, 기업에서 거래하고자 하고자 하는 사업부문을 분할하여 별도회사를 신설한 후, 그 회사의 지분을 거래하는 방법이다.

영업양수도 방식의 거래는 일견 직관적이고 용이하게 보이지만 특정 사업부문 종업원의 고용관계, 자산, 부채 및 권리관계를 개별적으로 승계하고 이전하여야 하는 불편함이 존재한다. 또한 투자자가 거래대상 사업부문의 영업을 양수하려면 주체가 되는 별도의 법인이 필요하다.

기업분할 후 지분거래는 상법상 분할 절차를 이용하여 특정 사업부의 고용관계, 자산, 부채 및 권리관계가 포괄적으로 이전된 신설법인의 주식을 취득하는 방식이므로 관련 절차 등이 상대적으로 효율적이다. 다만, 기업분할은 주주총회 특별결의와 상법상 채권자 보호 절차가 필요하기도 하며 분할 절차에 추가적인 시간이 소요된다는 단점이 있다.

영업양수도 거래를 고려할 때에는 분할 후 지분거래를 병행하여 검토하되, 어떠한 방식이 상황에 적합한지 각각의 장단점을 견주어보고 최적의 거래 방식을 선택하면 될 것이다.

인터파크 거래 구조·가격 결정 방식은

투자은행(IB) 업계에 따르면 인터파크는 쇼핑몰, 도서, 티켓 및 여행사업 등이 포함된 전자상거래 부문을 물적분할한 뒤 신설법인 지분 70%를 야놀자에 매각할 예정이다. 거래금액은 2,940억 원으로 야놀자는 조만간 실사를 진행한 뒤 인터파크와 주식매매계약(SPA)을 체결할 것으로 전해졌다.

인터파크는 전자상거래 부문만을 매각하기 위해서는 이 부문을 100% 자회사로 물적분할한 뒤 신설법인 지분을 매각하는 주식양수도 방식이 가장 합리적이라는 결론에 도달했다. 최대주주 지분 매각이나 영업양수도 방식으로 매각이 이뤄지면 매각대상 사업부의 자산 확정이나 명의 이전 등에서 까다로운 이슈가 발생할 수 있다. 게다가 신설법인의 주식양수도 방식으로 딜을 설계하면 가격협상 과정에서 거래당사자 양측이 유연함을 발휘할 여지도 넓어진다.

〈더벨〉, 2021.10.19, 감병근 기자

거래구조의 수립

거래구조 수립을 통상 딜 스트럭처링(Deal structuring)이라고 많이 표현하는데, 딜 스트럭처링은 거래가격, 거래대상 지분율, 대금 지급 시기 등 M&A의 전체적인 조건을 구성하는 것으로 거래를 설계하는 작업이라고 말할 수 있다.

M&A에서 거래조건이라고 하면, 거래가격을 떠올리기 쉽지만 이 외에도 많은 중요한 거래조건이 있다. 관련 조건을 거래의 상황과 특징

에 맞게 설계하는 작업이 바로 딜 스트럭처링이다.

M&A 거래조건을 구성하는 작업은 마치 퍼즐 맞추기와 같아서 하나의 퍼즐은 다른 퍼즐에 영향을 미치게 된다. 예를 들면 거래대상 지분율이 거래가격에 영향을 미치기도 하고 거래대금 지급 시기가 거래가격에 영향을 주기도 한다. 이렇게 각 조건이 서로 연결돼 있으므로 각각의 거래조건을 조합하는 작업이 필요하다.

딜 스트럭처링에 고려할 사항

먼저 딜 스트럭처링을 할 때 고려하여야 할 주요 사항을 살펴보자.

① 시너지의 수혜자는 누구인가

거래를 통하여 인수자가 얻는 이익이 큰지, 대상기업이 얻는 이익이 큰지, 시너지(Synergy)의 수혜자를 파악하여야 한다.

② 시장에 어떠한 인상을 줄 것인가

M&A 거래의 공표는 통상 주식시장에서 주가와 신용등급 등 기업의 자금조달 시장에도 영향을 미친다. 따라서 투자자는 거래가 주식시장 및 자금조달 시장에 어떠한 영향을 미치게 될지 고려하여야 한다.

③ 재무적으로 어떠한 효과가 있는가

거래구조에 따라 재무제표에 미치는 회계적인 영향이 달라질 수 있다. 투자자는 거래구조에 따라 변동되는 재무적인 효과를 사전에 파악해야 한다.

④ 지배구조의 변화 가능성이 있는가

매수 주체를 누구로 정하느냐에 따라 거래 이후 전체적인 기업 지배구조가 달라질 수 있으며, 지배구조의 변화는 기업의 회계, 재무 및 세금 등 전반적인 사항에 영향을 미친다.

⑤ 세무적으로 유리한 구조인가

거래 주체, 지급 방법, 지급 시기 등에 따라 거래 당사자의 세금 효과가 달라진다. 세금은 M&A 거래비용에서 큰 비중을 차지하고 있는 주요한 요소로서 거래구조의 수립 시 반드시 고려되어야 한다.

⑥ 리스크를 최소화할 수 있는 구조인가

기업에 우발채무 등 큰 리스크가 존재하는 경우 이를 단절시킬 수 있는 거래구조인지 검토해야 한다. 투자자는 우발채무의 단절을 위하여 단순 지분거래가 아닌 분할 후 지분거래, 영업양수도 거래, 자산양수도 거래 등을 거래구조에 도입할 수 있다.

거래조건 조합하기

거래 당사자는 거래조건을 어떻게 조합할지에 대하여 초기부터 검토하며, 진행 과정에서 계속적으로 수정해 나가야 한다.

거래 초기에 고려되었던 거래구조가 실사 과정에서 발견된 사항 때문에 변경되기도 하며, 거래조건의 협상 과정에서 거래구조가 달라지기도 한다.

거래 당사자가 거래구조를 수립할 때 정해야 하는 주요 거래 조건은 다음과 같다.

① 거래 주체

거래의 당사자를 정하는 것이다.

매수인이 지주회사 구조의 지배구조를 갖추고 있다면 지주회사가 인수할지 사업회사가 인수할지 정하여야 하며, 매수인이 개인이라면 직접 인수할지 거래를 위하여 별도의 법인을 설립하여 인수할지 등을 정하여야 한다.

거래 주체가 누구인지에 따라 기업의 전체적인 지배구조에 영향을 미치며, 재무보고 관련 사항이나 세금 효과 등이 달라지므로 투자자 입장에서는 거래 주체가 달라지는 데에 따른 영향을 비교 검토해야 한다.

② 거래 방식

M&A에 있어서 거래대상은 주식이 되는 경우가 많지만, 상황에 따라 영업양수도 거래, 자산양수도 거래 등 다른 방식을 고려할 수 있다.

거래 방식에 따라 거래 당사자의 위험부담 수준, 세금 효과 등이 달라지게 되므로 거래 당사자는 단순 지분거래 이외 다른 방식이 가능한지 생각해보고 어떠한 장단점이 있는지 비교해야 한다.

앞에서 살펴 보았듯이, 대상기업에 우발채무 리스크가 존재하면 매수인 입장에서는 우발채무를 단절하기 위해 영업양수도 거래나 분할 후 지분거래 등의 방식을 고려한다. 또한 대상기업에 자금이 필요할 것으로 예상되면 구주거래 방식 외에 유상증자 방식이 거래구조에 도입되기도 한다.

③ 거래 지분율

M&A는 경영권을 거래하는 것이므로 거래대상 지분율은 기본적으로 경영권 행사가 가능한 수준이어야 한다.

거래 지분율은 최소한 경영권 행사가 가능한 수준 이상으로 정하되 상황에 맞게 거래 당사자가 협의하여 정하면 된다. 때에 따라 거래 지분율은 50% 이하가 될 수도 있고 100%에 가까운 지분이 될 수도 있다.

투자자가 거래 지분율을 어느 정도의 수준으로 해야 하는지는 M&A의 효익을 향유하는 주체가 누구인지, 거래 이후 매도인이 소수주주로 남는 것이 필요한지 여부 등 다양한 측면을 고려하여 결정해야 한다.

거래의 효익, 즉 시너지가 대상기업에 주로 발생할 것으로 예상되는 경우에는 인수자 입장에서는 거래 지분율을 높이는 것이 좋으며, 반대로 시너지가 대상기업보다는 인수자에게 크게 나타날 것으로 예상되는 경우에는 인수자는 경영권을 확보하기 위한 최소한의 지분율 수준으로 거래하는 것이 투자 대비 효과를 극대화하는 데에 유리하다.

또한 거래 이후 M&A 효과 창출을 위해서 기존 주주의 기여가 필요한 상황이거나, 시너지 효과 발생까지 상당한 시간이 소요될 것으로 예상되는 경우에는 1차적으로는 경영권 확보가 가능한 수준의 지분율만 인수하고 나머지 지분에 대하여는 일정 시간이 지난 후 추가적으로 거래하는 구조를 선택할 수 있다.

④ 거래가격

가격은 거래조건 중 가장 기본적이고 가장 중요한 조건이다.

거래가격이 다른 거래조건과 별개라고 생각하는 경우가 많지만, 거래가격은 다른 거래조건에 영향을 주며 또 다른 거래조건에 영향을 받는다.

투자자가 매도인이 충분히 만족할 만한 거래가격을 제시한다면 다른 거래조건을 본인에게 상대적으로 유리하게 설계할 수 있으며, 투자자가 거래가격 외 다른 거래조건을 매도인에게 유리하게 설계한다면 거래가격에 대한 조정을 시도해 볼 수 있을 것이다.

⑤ 거래대금 지급 방법

경영권 인수거래에서 대금은 대부분 현금으로 지급하는 것이 일반적이지만, 주식 등 다른 지불 수단이 이용되기도 한다. 최근에는 주식 스와프 등의 방법이 활용되는 경우도 종종 있다.

상황에 따라서는 거래 이후의 실적치나 조건 충족에 따라 거래대금을 지급하는 언아웃(Earn out) 방식을 고려하기도 한다. 거래 당사자가 아닌 제3자(특정 경영진, 종업권 등)에 대한 별도의 보상을 주기도 한다.

⑥ 지급 시기

거래대금의 지급 시기 또한 가장 중요한 조건 중 하나이다. 통상 거래대금 지급 시기는 거래대금 지급 방법과 함께 고려된다.

대금을 빠르게 지급하는 스케줄은 거래의 불확실성을 감소시켜 주며 매도인에게 자금 운용의 유연성을 제공한다. 지급 시기에 따라 매도인 또는 매수인이 해당 거래대금을 운용할 수 있는 기간이 변동되므로 한쪽이 혜택을 받기도 하고 다른 한쪽은 그만큼 기회손실을 보기도 한다.

자금 사정으로 긴급한 현금 조달이 필요한 매도인에게 매수인은 상황을 고려한 지급 시기를 설계해 주면서 거래가격 등 다른 조건을 유리하게 조정하는 기회를 얻을 수 있다. 반대로 매수인이 자금조달 사정으로 지급 시기를 늦춘다면 매도인은 해당 기회비용 부분을 상쇄하기 위해 다른 거래조건에서 혜택을 취할 수 있다.

⑦ 종업원 고용승계

거래조건에 임직원에 대한 고용승계 관련 사항이 포함되는 경우도 있다. 매도인이 종업원 고용승계 사항을 거래조건에 포함시킬 것을 요구하기도 하며, 종업원이 많거나 노조가 있는 경우 거래 발표 시 직원들의 불안이나 동요 가능성을 최소화하기 위해 M&A 거래의 조건으로 고용승계에 대한 사항을 명시하기도 한다.

기업에 부동산이 많은 경우에는 '과점주주 취득세'를 유의하라

M&A 대상기업에 부동산이 많은 경우에는 거래구조 수립 단계에서 거래 시 발생하는 취득세를 유의하여야 한다.

영업양수 방식 또는 자산양수 방식의 거래에서는 거래대상에 부동산이 포함되어 있다면 취득세가 발생하는데, 지분거래 방식의 경우에도 '과점주주 취득세'가 발생할 수 있다.

과점주주 취득세는 대상기업의 50% 초과 지분을 소유한 최대주주(과점주주)가 변동될 때, 새롭게 최대주주가 되는 과점주주가 해당기업의 부동산을 취득한 것으로 간주하여 취득세를 과세하는 것을 의미한다. M&A에서 거래지분이 50%를 초과하고 대상기업에 취득세 과세대상 부동산이 존재한다면 과점주주 취득세가 발생한다고 보면 된다.

과점주주 취득세는 일반적인 부동산의 경우 '취득세 과세대상 자산×과점주주의 지분 비율×2.2%'로 계산되는데, 대상기업에 부동산이 많다면 거래비용에서 작지 않은 비중을 차지할 것이다.

따라서 투자자 입장에서는 과점주주 취득세 발생 여부와 그 규모에 대하여 거래구조를 수립할 때부터 고려해야 하며, 거래 주체나 거래 지분율 등을 조정하여 과점주주 취득세를 절세할 기회가 있다면 적극적으로 검토해 볼 필요가 있다.

2015년 MBK파트너스는 7조 2,000억 원에 홈플러스 지분 100%를 인수하는 거래에서 홈플러스의 자회사였던 홈플러스베이커리를 먼저 인수하여 지주회사로 활용하는 거래구조를 통하여 거액의 과점주주 취득세를 절감한 바 있다. 홈플러스는 전국에 많은 부동산을 보유하였기 때문에 매수인의 과점주주 취득세 부담이 클 수 있었으나, MBK파트너스는 과점주주 취득세를 피할 수 있는 거래구조를 설계하여 약 1,000억 원에 가까운 취득세를 절감한 것으로 알려졌다.

M&A 일정 계획

거래구조와 M&A 절차에 대한 윤곽이 어느 정도 세워졌다면 투자자는 거래가 종결되기까지 시간이 얼마나 소요될지 미리 일정을 계획해야 한다.

주요 M&A 동기 중 하나는 사업 전략의 신속한 실행이다. 따라서 투자자는 M&A를 시도할 때 그 거래가 언제 마무리될지 가늠해야 한다. 예를 들어 자체적인 투자로 신사업에 진출하는 데에 2년이 소요될 것이라고 예상되어 이보다 신속한 사업진출을 위해 M&A를 시도했는데 그 거래가 2년이 걸린다면 효과가 퇴색될 수밖에 없다.

특히 매도인이 자금 상황이나 세무상 목적을 이유로 기한을 두고 M&A를 추진하는 경우에는 거래가 종결되기까지의 일정 계획은 투자자의 거래 협상에도 큰 영향을 미친다. 투자자는 거래를 시작하면서 어느 정도 시점에 계약이 이루어질 것인지, 계약 후 종결까지는 얼마큼의 시간이 소요될 것인지 미리 예상하고 계획해야 한다.

일정은 거래가 진행되는 상황에 따라 달라질 수밖에 없지만, 투자자는 가급적 주단위, 일단위로 각 단계별 일정 계획을 수립하고 거래 진행 과정에서 계속적으로 업데이트해 나가는 것이 바람직하다.

M&A 거래 일정 계획 예시

구분	Event	예상	1st M	2nd M	3rd M	4th M	5th M	6th M
거래제안 및 실사 (LOI and Due Diligence)	예비적인 제안 준비	1주						
	예비적 제안(Non-binding proposal)	2주						
	Term sheet(LOI, MOU 등) Drafting	1주						
	Term sheet 체결	1일						
	DD 준비	2주						
	DD(상세실사, 경영진 인터뷰 등)	6주						
	DD reporting	1주						
실사 후 협상 및 본 계약 체결 (Post DD Negotiation and SPA)	DD 발견사항 및 이슈사항 논의	1주						
	최종 거래조건 협의	1주						
	SPA Drafting	1주						
	SPA 협상 및 확정	2주						
	이사회 등 승인기관 승인절차	1주						
	SPA 서명	1일						
거래종결 (Deal closing)	거래종결 선행요건 충족	4주						
	거래대금 지급 및 거래종결	1일						

M&A의 시작부터 종결까지 걸리는 시간이나 절차의 진행은 대상 기업의 특징이나 상황에 따라 다르므로 일률적으로 말하기는 어렵다. 소규모 거래의 경우 2~3개월 안에 모든 절차가 종결되기도 하고 대규모 거래에서는 1년이 넘게 소요되기도 한다. 그러나 대부분의 M&A는 거래 시작 시점부터 종결까지 6개월에서 1년 사이의 시간이 소요되는 것으로 일정을 계획하는 것이 일반적이다.

거래의 진행 일정은 거래 당사자의 내부적인 상황뿐 아니라 외부적 요인에도 영향을 받으므로 거래 당사자는 여러 가지 변수를 염두하여 계획해야 한다.

대상기업의 규모

대상기업의 규모가 클수록 거래종결까지 여러 절차와 긴 시간이 소요되는 것이 일반적이다.

기업의 규모가 큰 경우에는 그만큼 투자자 입장에서 거래의 최종 의사결정까지 많은 검토가 필요하며 실사 등에 투입되는 시간도 많이 소요된다. 큰 규모의 기업이라면 거래처, 규제기관, 차입처, 주주 등 이해관계자가 많으므로 거래에 대해 외부의 승인 절차가 필요할 수 있으며, M&A 절차 하나하나를 진행하는 데에도 상대적으로 더 많은 시간이 소요되기 때문이다.

상장 여부

대상기업, 매수인 또는 매도인이 증권거래소에 상장되어 있는 경우에는 일정 계획에 추가적인 시간 소요를 고려해야 한다. 대상기업이나 거래 주체가 상장회사라면 진행 단계마다 공시의무가 있는지 검토해야 하며 진행 과정에서 자본시장법 등 법규에서 요구하는 사항들을 준수해야 하므로 일정 계획에 이러한 사항을 추가적으로 고려해야 한다.

상장기업의 경우 법령에서 규정하는 공시사항이나 신고사항 등을 위반하면 거래 일정에 차질을 빚을 수 있으며 더 나아가서는 거래 자체가 무산될 수도 있으므로 특히 주의해야 한다.

해외 사업장 유무

대상기업이 다수의 국가에서 사업을 경영한다면 해당 국가의 M&A 관련 규제를 미리 조사해야 한다. 국가마다 M&A와 관련한 규제나 승인 절차가 다르므로 거래 단계별로 해외의 규제기관에 신고하거나 허가를 얻어야 할 사항을 확인하여 일정 계획을 세워야 한다. 특히 독과점 규제와 관련된 사항은 거래에 큰 영향을 미치고 국가마다 규제 사항이 상이하므로 면밀히 검토해야 한다. 또한 대상기업의 사업장이 여러 국가에 존재한다면 투자자의 실사에도 긴 시간이 소요될 것이다.

인수 경쟁자 존재 여부

대상기업 인수에 관심이 있는 다른 경쟁기업이 존재한다면 거래 진행 절차나 일정을 투자자가 주도적으로 계획하기 어렵다. 매도인이 주도하는 거래에서는 진행 단계별로 경쟁입찰 형태를 도입하는 경우가 많은데 이때에는 투자자가 매도인이 정한 절차와 일정을 따라야 한다. 입찰 형태로 진행되는 거래에서는 매도인이 다수의 투자자에게 실사와 제안의 기회를 부여하게 되므로 상대적으로 긴 시간이 소요될 수 있다.

M&A 제안 내용 구성하기

투자자가 상세실사를 진행하기 위해서는 매도인에게 예비적 거래조건을 제시하는 과정이 필요하다. 일반적으로 매도인은 거래조건에 대한 윤곽이 없는 상태에서는 기업에 대한 세부정보를 제공하지 않기 때문이다.

예비적 제안은 통상 서면으로 하며 거래가격 등 주요 거래조건을 포함한다. 제안 서면은 매도인에게 제시할 주요 거래조건에 대한 내용만 간략하게 기재하고 오해가 될 수 있는 사항은 기재하지 않는 것이 바람직하다.

투자자가 매도인에게 거래조건을 처음 제시하는 단계에서 매도인이 희망하는 조건과 너무 큰 차이가 있다면 거래 진행 자체가 어려울 수 있으므로 투자자 입장에서는 가급적 매도인이 기대하는 거래조건 수준에 대하여 미리 파악해 보는 것이 좋다.

매도인이 미팅 등 거래 논의 과정에서 거래가격, 일정 등 주요 거래조건에 대한 희망사항이나 기대를 언급하는 경우가 많으므로 투자자는 이러한 정보를 취합하여 제안 내용을 생각할 수 있다. 매도인은 1,000억 원 이하는 거래하지 않겠다든지 또는 지분율 100%가 아니면 거래하지 않을 것이라는 등 거래조건에 대한 의견이나, 6개월 안에 거래가 종결되는 것을 전제로 논의하겠다는 등 일정에 관한 의견을 제시하기도 한다.

투자자는 매도인의 희망 거래가격 등을 예비적으로 파악하고 커뮤니케이션을 원활하게 진행하기 위해 자문사를 이용할 수 있다. 매도인은 아무래도 투자자에게 직접적으로 의사를 표시하는 것을 부담스러워할 수 있으므로 대리인나 자문사를 이용하는 것이 거래조건에 대해 사전적 소통을 가지는 데 도움이 될 것이다.

매도인의 희망사항과 투자자가 제시하는 제안 내용이 다르다고 하여 거래 진행이 불가능한 것은 아니지만, 거래조건이 너무 큰 차이가 난다면 투자자가 매도인에게 하는 서면 제안은 큰 의미가 없을 수 있다. 예비적 제안이 법적으로 구속력이 없다고 하더라도 거래조건을 도출해 제안한다는 것은 투자자 입장에서는 매도인에게 공식적인 의사를 표명하는 과정이므로 너무 큰 이견이 존재하는 경우 투자자가 제안 내용을 서면으로 제시하는 것 자체가 불필요한 작업이 될 수 있다.

투자자가 매도인에게 예비적 제안을 서면으로 제시하기로 결정했다면 거래가격 등 거래조건들을 조합하여 텀시트(Term sheet)를 작성하면 된다. 예비적 제안은 LOI 형태나 양해각서(MOU)로 작성되기도 하지만, 기본적으로 상세실사 등 본격적인 거래협상에 들어가기 이전 거래조건에 대하여 거래 당사자의 이해를 어느 정도 일치시키기 위한 것이라는 목적은 동일하다.

텀시트 제안 내용 및 예시

구분	기재 내용	예시
거래대상	거래대상 주식수 및 지분율	대상기업 지분 100%
거래가격	거래대상지분의 총 거래대금 (주당 거래가격)	100% 지분 전체 기준 2,000억 원 (주당 100만 원)
독점 협상 기간	독점적으로 실사와 협상을 진행하는 기간	[*]년 [*]월 [*]일까지
실사 범위, 실사 기간	실사의 범위와 소요 시간	대상기업 및 대상기업의 자회사에 대하여 영업, 회계, 재무, 법무 등에 대한 충분한 실사, 총 4주의 실사기간
예상 일정	본계약 체결 예상 시점 및 거래종결 예상 시점	[*]년 [*]월 [*]일까지 본계약 체결, [*]년 [*]월 [*]일까지 거래종결 예정
거래종결의 전제조건	거래종결의 전제가 되는 조건	실사 결과 대상기업에 중요한 부정적 영향이 존재하지 않는 것을 전제로 함
승인절차	인수자 내부의 승인 절차와 외부의 승인 절차	이사회 승인 및 독과점 관련 법률에 따른 기업결합 승인을 받아야 함
기타	준거법 등	대한민국의 법률을 준거법으로 함

텀시트에서 가장 중요한 조건은 거래대상과 거래가격이다. 거래의 대상과 가격은 가급적 단일값으로 명확히 기재한다. 거래의 대상과 가격을 범위값 등의 유동적인 내용으로 기재하는 경우도 있는데 매도인에게 오해나 혼동을 줄 수 있으므로 작성 당시 판단한 최선의 단일값으로 기재하는 것이 바람직하다.

독점적인 협상 기간은 투자자에게만 실사 기회와 권한을 부여하고 다른 투자자와는 협상하지 않는 기간을 조건으로 제시하는 것으로 주로 본계약 체결일까지 소요될 것이라고 예상하는 기간으로 정한다. 물론 거래가 경쟁입찰 형태로 진행되는 경우에는 투자자가 독점 협상권을 가질 수 없으므로 이 내용은 프라이빗 딜 제안 내용에만 포함될 것이다.

실사 범위나 실사에 소요되는 예상 일정을 제안 내용에 담을 수 있다. 실사 진행의 범위나 일정에 매도인의 이견이나 오해가 있다면 텀시트가 체결되었는데도 불구하고 거래가 지연되거나 혼선을 빚을 수 있으므로 이 부분을 매도인에게 명확히 인지시킨다는 측면에서 기재해 주는 것이 좋다.

또한 투자자 입장에서 거래를 종결하기 위해 전제되어야 하는 조건과 투자자 내부 또는 외부의 승인 절차를 기재하여 거래의 전제조건이 되는 사항과 진행되어야 할 절차에 대하여 매도인과 내용을 공유하는 것이 바람직하다.

국제적인 거래에서 분쟁이 발생할 경우 준거법을 어떤 국가의 법령으로 적용할지가 중요하다. 준거법은 투자자, 매도인 또는 대상기업의 각 소재국가 법률 중에 결정하는 것이 일반적이며, 경우에 따라서는 국제상사재판소로 규정하기도 한다.

자금조달 준비

실패는 자본이 부족해서라기보다는
에너지 부족 때문일 경우가 많다.

– 대니얼 웹스터 –

　　인수자가 거래대금을 조달하는 방법은 직관적으로 '내부 유보현
금을 이용하는 방법'과 '차입이나 주식발행 등 신규 자금을 이용하
는 방법'으로 구분할 수 있으며, 자금조달에 별도의 주체를 활용할지
여부에 따라 다시 '직접투자 방식'과 '간접투자 방식'으로 구분할 수
있다.

직접투자

투자자는 기본적으로 자금조달 비용이 낮은 재원을 이용하여 거래대금을 조달하려고 한다.

일반적으로 내부 유보현금, 차입금, 유상증자의 순서로 자금조달 비용이 낮으며 M&A에서 대부분의 투자자가 이 순서로 거래대금을 마련한다. 자금조달 비용은 그 시점의 자금 시장 상황에 따라 달라지며 투자자의 담보자산 유무, 현금흐름 안정성 등 다양한 요소의 영향을 받는다.

투자자가 M&A 인수자금의 조달 방법을 결정할 때에는 먼저 투자자가 영위하는 기존 사업과 관련한 자금 소요 계획을 고려하여야 한다. 즉, 투자자는 기존 사업을 경영하는 데에 필요한 시설자금 및 운전자금 소요 예상액, 매각가능자산을 통한 추가 자금 유입 가능성 등을 종합적으로 생각하여 자금조달 방법을 결정해야 한다.

예를 들어 투자자가 충분한 현금이 있다고 하더라도 몇 개월 안에 투자자의 사업과 관련하여 대규모 시설자금 투자가 필요한 상황이라면 M&A 거래대금으로 내부 유보현금을 사용하는 것에 제약이 있을 수 있다.

투자자는 가급적 보수적인 관점에서 자금 소요를 분석하고 M&A 거래 후 예상 재무구조를 시뮬레이션할 필요가 있다. 사전에 거래가 재무구조에 어떠한 영향을 미치는지, 향후 자금조달 비용에 어떠한 영향을 미칠지 등을 체크해야 한다.

상장회사의 경우 M&A 과정에서 어떤 자금조달 방법을 선택하느냐에 따라 주가에도 영향을 미칠 수 있다. 주로 증자를 이용한 자금조달을 할 때에는 주가가 하락하고 차입을 이용하는 때에는 주가가 상승하는 경우가 많은데, 이는 투자자가 주식을 발행하여 거래대금을 조달한다는 것 자체가 투자자 본인이 기업의 현 주가 수준이 높다고 인식한다는 것으로 평가되는 영향도 있다.

간접투자

투자자가 내부 현금이나 차입 등을 통하여 거래대금 전체를 조달하기에 자금이 부족하거나, 투자자 입장에서 M&A에 가급적 최소의 자금을 투자하고자 하는 경우에는 별도의 거래 주체를 활용하는 방법을 고려할 수 있다.

간접투자 방식은 M&A 거래를 위해 별도의 특수목적회사(SPC)를 이용한다. 해당 SPC에 주인수자와 재무적 투자자가 출자 형태의 투자를 하고 다시 그 SPC가 인수금융을 이용하여 거래대금을 조달하는 구조가 많이 활용된다.

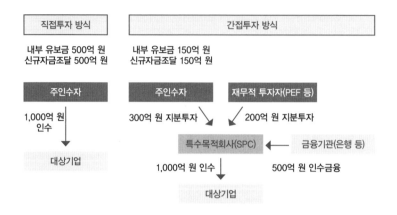

최근에는 인수자가 인수대금을 조달하기 위해 사모펀드 등 재무적 투자자를 초대하여 M&A를 진행하는 것을 자주 볼 수 있는데, 인수자는 이러한 간접투자 방식을 활용하여 자체 자금 부담은 낮추면서 대상기업 경영권 확보라는 소기의 목적을 달성할 수 있다.

예를 들면, 거래대금이 1,000억 원인 M&A를 위하여 투자자가 직접 1,000억 원을 부담하는 방식 대신 투자자가 SPC에 500억 원을 출자하고, SPC가 인수금융 500억 원을 조달하는 방법을 이용하면 투자자는 500억 원의 부담만으로 대상기업의 100% 지배권을 가져올 수 있는 것이다. 만약, 투자자가 SPC 출자금 500억 원 중 300억 원만을 부담하고 200억 원은 재무적 투자자로부터 유치하는 구조를 이용한다면 투자자의 부담을 더 낮출 수도 있는 것이다.

인수자는 SPC를 활용한 간접투자 방식을 이용하면서 재무적 투자자의 투자금과 인수금융 규모를 조합하여 조달해야 하는 거래대금의 부담을 낮출 수 있는 것이다.

SPC 인수금융의 규모는 주로 대상기업의 현금흐름 안정성에 영향을 받으며 인수금융의 규모가 커질수록, 재무적 투자자의 투자 규모가 커질수록 인수자는 자금 규모를 줄일 수 있다. 특히 재무적 투자자가 SPC에 직접적인 지분출자가 아닌 전환사채 등의 의결권이 없는 투자 형태의 구조를 설계한다면 인수자는 최소한의 투자금액으로 기업에 대한 지배권을 극대화시킬 수 있다.

간접투자 방식은 M&A 거래 시점에 인수자의 자금이 충분하지 않거나 인수자가 거래대금 전체를 직접 조달하는 것을 비효율적이라고 판단하는 경우에 자주 활용된다.

특히 M&A에서 주인수자가 바아아웃(Buyout) 투자를 목적으로 하는 사모펀드인 경우에는 거래를 위한 SPC에 사모펀드가 출자하고 인수금융을 활용하여 거래대금을 조달하는 것을 흔히 볼 수 있다.

사모펀드(PEF)

사모펀드는 특정한 소수의 투자자로부터 자금을 모집하여 주로 지분증권에 투자하는 펀드를 의미하며, 사모(Private)에 의하고 지분증권(Equity)에 투자하는 펀드(Fund)라는 의미에서 일반적으로 PEF(Private Equity Fund)라고 한다.

PEF는 투자대상에 따라, 초기 벤처기업의 소수지분에 투자하는 벤처캐피털 펀드(Venture Capital Fund), 성장기업의 소수지분에 투자하는 그로스캐피털 펀드(Growth Capital Fund), 경영권 지분에 투자하는 바이아웃 펀드(Buyout Fund) 등으로 구분할 수 있다.

자금 모집 시 투자대상을 특정하는지 여부에 따라 구분한다면, 투자대상을 정하고 자금을 모집하는 프로젝트 펀드(Project Fund)와 투자대상을 정하지 않고 자금을 모집하는 블라인드 펀드(Blind Fund)로 나눌 수 있다.

PEF는 무한책임사원(GP, General Partner)과 유한책임사원(LP, Limited Partner)으로 구성되는데, GP는 펀드를 운영하고 관리하는 역할을 수행하며 LP는 펀드에 출자하는 역할을 수행한다. 예를 들면 MBK파트너스, 한앤컴퍼니, IMM 등은 대표적인 GP라고 할 수 있고 국민연금, 교직원공제회, 사학연금 등이 대표적인 LP라고 할 수 있다.

거래대금 지급 시기와 방법

> 유연성은 빈곤을 경감시키고
> 부를 돋보이게 하는 자질이다.
>
> – 나폴레온 힐 –

M&A 거래대금은 계약금과 잔금으로 나누어 지급하는 것이 일반적이지만, 거래대금의 지급에 있어서 정해진 원칙은 없다. 계약금 없이 일시에 거래대금을 지급하기도 하며, 어떤 경우에는 중도금을 여러 번에 걸쳐 지급하기도 한다. 계약금, 중도금, 잔금의 비율 또한 거래 당사자 간의 협의에 따라 천차만별이다.

거래대금 지급 시기와 방법에 영향을 미치는 사항을 살펴보자.

인수자의 자금 상황

인수자가 내부 보유현금뿐만 아니라 차입이나 증자 등 추가적인 자금조달을 이용하여 거래대금을 마련하고자 한다면 인수자는 자금조달 비용의 절감을 위하여 계약금 비중을 낮추고 최종 거래대금의 지급을 해당 자금조달 스케줄에 맞추고자 하는 유인이 발생한다.

인수자가 사모펀드이거나 사모펀드와 공동으로 거래하기 위해 프로젝트 펀드(Project fund)를 활용해야 하는 상황이라면 출자자 모집이나 펀드 설립 등의 과정에서 추가적인 시간이 소요될 수 있으며 거래조건이 확정된 이후 거래대금 지급까지 상대적으로 긴 시간이 필요할 수 있다.

거래의 경쟁 유무

M&A가 경쟁입찰 형태로 진행되는 경우 투자자는 매도인의 관심을 끌기 위해 대금 지급 스케줄을 공격적으로 빠르게 하는 경우를 종종 볼 수 있다.

투자자는 거래대금 중 계약금 비율을 높인다든지 또는 계약 이후 잔금 지급 일정을 빠르게 정해 매도인에게 거래의 확실성과 자금운용의 유연성을 제공함으로써 다른 경쟁자보다 주목을 받을 수 있다.

실제로 많은 옥션 딜에서 매도인이 인수 후보자가 제시하는 대금 지급 스케줄을 인수자 선정 시 주요 평가 요소로 고려한다. 특히 구조조정과 관련한 매각거래 또는 법적 규제의 준수를 목적으로 하는 매각거래 등 거래종결의 확실성이 중요하고 거래 시기를 일정 기한 내에 맞추어야 하는 상황에서 이러한 경향이 더욱 강하다.

거래 위험 요소의 고려

투자자는 실사 결과 발견된 거래 위험요소를 거래대금 지급 스케줄에 반영하기도 한다.

실사 결과 기업가치에 큰 영향을 줄 수 있는 우발 상황(Contingency)이 발견된다면 이 상황은 거래대금 지급 스케줄에 영향을 미칠 수 있다. 예를 들면 기업가치에 큰 영향을 미칠 수 있는 중요 계약의 체결을 앞둔 경우 또는 중요한 소송에 대한 판결이 근시일 내에 예정되어 있다면 인수자는 해당 상황의 결과를 확인하고 거래대금을 지급하고자 할 것이다.

즉, 투자자는 우발 상황이 해소되는 시점까지 거래대금의 지급을 이연하고자 하는 유인이 발생한다.

투자자는 이러한 우발 상황을 고려하기 위해 본계약에 거래종결의 선행요건의 형태로 반영하여 잔금 지급 시기를 이연시킬 수 있을 것이다. 최종 결과를 확인하는 데까지 긴 시간이 소요될 것으로 예상되는 경우에는 거래대금의 일부를 에스크로 계좌(Escrow account)에 예치하는 방법을 이용할 수도 있다.

현금 이외의 지불수단 선택

대부분의 M&A에서 거래대금은 현금으로 지급되지만 주식 등 다른 지불수단이 이용되기도 한다.

소규모 딜에서는 거래대금이 현금으로 지급되는 것이 일반적이나 큰 규모의 딜이거나 투자자가 거래종결 이후에도 매도인과 관계를 유지하고 싶은 경우에는 투자자가 발행하는 주식으로 거래대금을 지급하기도 한다.

투자자 발행주식의 가치가 많이 상승한 상태이고 가치가 높다고 판단된다면 투자자 입장에서 주식으로 거래대금을 지불하고자 하는 유인이 강하게 나타난다.

이렇게 주식으로 거래대금을 지불하고자 한다면 투자자가 지불하는 주식의 가치를 별도로 평가하여야 하는 이슈가 발생한다. 이 경우 그 주식에 대한 가치평가 협의에 긴 시간이 걸릴 수 있으며, 매도인이 투자자가 지불하는 주식가치에 낙관적인 전망을 가지지 않는다면 주식으로 거래대금을 지급하는 방안 자체의 협의가 어려울 수 있다.

한계기업 M&A

> 어려운 환경이 닥쳤을 때 현명한 사람은
> 최악의 상황을 최대한 이용한다.
>
> — 시드로우 백스터 —

거래 대상기업이 재무적인 어려움을 겪고 있는 한계기업의 M&A는 일반기업과의 거래와는 다른 몇 가지 특징을 가진다. 한계기업의 M&A는 주로 기업의 채권자가 채권의 보전 또는 회수의 목적으로 신규 투자자를 유치하는 형식으로 진행되는데 이에 대해 살펴보자.

유상증자 거래

한계기업은 수익성이나 유동성이 악화되어 단기간 이내에 자금이 수혈되지 않으면 기업의 존망 자체가 불확실한 기업을 의미한다. 따라서 한계기업의 M&A는 대부분 유상증자 거래로 진행된다.

거래구조는 인수자가 유상증자를 통하여 대상기업에 지분과 경영권을 취득하는 형태가 되며, 대상기업은 유상증자로 유입된 자금으로 차입금을 상환하고 운전자금에 사용하게 된다.

법원에 의한 회생 절차가 진행 중인 기업 또는 채권금융기관의 관리를 받고 있는 워크아웃 기업 등이 대표적인 한계기업이며, 회생기업이나 워크아웃 기업의 M&A에서는 주로 유상증자 거래 방식을 통해 경영권이 이전된다. 때에 따라 유상증자와 구주거래가 병행되기도 한다.

채권자가 주도하는 거래

한계기업이 M&A 시장에 나오는 이유는 기업의 유동성 악화로 대규모 신규자금 유입 없이는 차입금 상환이 불가능해 매각이 진행되는 경우이다. 주로 기업의 채무상환이 M&A의 궁극적인 목적이 되는 경우가 많다.

M&A의 목적이 결국 채권자의 채권회수 금액을 극대화하는 것이 되므로 거래를 채권금융기관 등의 채권자가 주도하게 된다. 매각주간사의 선정, M&A 일정의 수립, 인수자의 선정, 거래계약, 거래종결 등 거래의 제반 과정이 채권자의 주도하에 진행되는 것이 일반적이다.

따라서 회생회사 또는 워크아웃 기업의 M&A에서 거래의 최종 종결을 위해서는 반드시 관계인집회나 채권금융기관 협의회 등 채권단의 동의와 승인이 필요하다. 즉, M&A 거래가 최종적으로 종결되기 위해서는 채권자의 승인을 받아야 하는 것이다.

예를 들면, 회생회사 M&A에서 채권자 협의체인 관계인집회의 동의를 받아야 하는데 '채무자 회생 및 파산에 관한 법률'에 따르면 담보권을 가진 채권자 4분의 3 이상이 동의하고 동시에 일반 채권자 3분의 2 이상의 동의가 필요하다.

투자자 입장에서 실사에 참여하고 본계약까지 체결하였어도 최종적으로 채권자가 M&A를 승인하지 않는 경우에는 거래가 무산될 수 있다. 따라서 최종 종결될 때까지의 거래 불확실성이 일반적인 M&A 대비 상대적으로 크다고 할 수 있다. 만약 채권자가 M&A에 동의하지 않으면 체결되었던 본계약은 해제되며 M&A 계약금 등은 투자자에게 반환된다.

CASE. 제주CC M&A

제주컨트리구락부(제주CC)의 청산이 임박했다. SM(삼라마이다스그룹)에 매각하는 내용이 골자인 회생계획안이 부결된 후 법원이 회생절차 폐지 결정을 내렸기 때문이다. 16일 투자은행(IB) 업계에 따르면 서울회생법원은 지난 9일 제주CC에 대해 회생절차 폐지 결정을 내렸다. 회생계획안이 관계인집회에서 부결됐다는 이유다. 관계인집회에서 주주인 김해파트너스가 반대하고, 제주자산개발과 제주은행 등 담보채권자의 92.14%, 회생채권자의 14.01%만 동의해 가결요건을 충족하지 못했다. 회생계획안이 통과되기 위해선 △주주(주식 총수 50% 이상) △회생담보권자(채권액 75% 이상) △회생채권자(채권액 66.67% 이상)의 동의가 필요하다. 이번 제주CC 회생계획안에 대해선 담보권자 이외의 조는 모두 반대했다.

〈파이낸셜뉴스〉, 2018.02.16, 강구귀 기자

공개 경쟁입찰 거래

한계기업 M&A에서 거래를 주도하는 채권자는 채권 회수를 극대화
하기 위해서 매각금액을 최대치로 하는 거래조건을 이끌어내야 한다.
한계기업의 유동성 부족 또는 부실 상황은 이미 시장에 알려진 경우
가 많으므로 채권자 입장에서는 최대한 유리하게 거래조건을 이끌어
내기 위해서 공개 경쟁입찰 방식의 형태를 취하는 경우가 많다. 이 경
우 입찰의 대상은 M&A로 유입되는 신규자금의 규모가 된다. 유입되
는 신규자금이 클수록 채권자가 회수하는 채권액이 커지기 때문이다.

한계기업 M&A에서는 투자자가 경영권을 취득할 수 있는 지분율만
큼 거래대상 주식 수를 정하고 그 주식의 발행가격을 입찰에 부치는
것이 일반적이며, 최소한의 수준을 정한 상태에서 주식의 발행가격과
함께 발행주식 수를 같이 입찰에 부치기도 한다.

부채–자본 교환 거래

한계기업 M&A는 신규자금이 투입되고 자금의 상당 부분은 결국
채무를 상환하는 데 사용한다.

따라서 M&A 거래 이후에는 기업의 부채가 감소하고 그 자리를 유
상증자로 유입되는 신규자금이 차지한다. 이는 결국 기업의 부채가 자

본으로 바뀌는 것인데 이러한 의미에서 한계기업 M&A는 부채-자본 교환거래(Debt-Equity Swap)로 볼 수 있다.

금융기관 채무가 유상증자로 유입된 신규자금으로 상환되므로 거래 후 부채비율은 크게 감소하며, 신규 유상증자를 투입한 인수자가 거래 이후에는 경영권을 확보하게 되는 구조가 된다.

부채-자본 교환거래의 구조

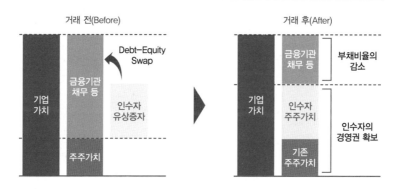

3

CHAPTER

一

가치평가와 실사

一

M&A 가치평가 방법

거래가격은 M&A에서 가장 중요한 조건이자 거래 당사자의 핵심 의사결정 대상이다. 거래가격은 M&A의 성공과 실패에 대한 사후적인 평가에서 주요한 고려사항이 된다. 인수자 측면에서는 거래가격이 높아지면 높아질수록 그 거래의 투자수익률은 낮아질 수밖에 없으며, M&A 성과에 대한 부담은 커지게 된다.

따라서 M&A 거래에서 적절한 거래가격을 도출하기 위해서는 그에 맞는 가치평가 작업이 선행되어야 한다.

가치평가 방법의 종류

M&A 거래에서 기업가치평가 방법은 일률적일 수 없으며 대상기업의 특성이나 거래 상황에 따라 다양한 평가 방법이 사용된다. 하나의 평가 방법을 기준으로 기업가치를 평가한다기보다는 다양한 가치평가 방법을 적용하여 기업가치를 가늠하는 것이다.

가치평가 방법에는 수많은 접근법이 있으나 주로 수익가치 접근법, 상대가치 접근법 및 자산가치 접근법으로 분류하는 것이 일반적이다.

가치평가 방법의 종류

구분	개념	대표적인 평가 방법
수익가치 접근법 (Income approach)	이익, 현금흐름 등의 효익을 자본화하거나 미래의 효익을 현재 가치로 할인하는 방법	현금흐름 할인법
자산가치 접근법 (Asset-based approach)	평가대상 기업의 순자산 등 자산 가치를 기준으로 평가하는 방법	조정 후 순자산가치법
상대가치 접근법 (Market approach)	유사상장회사의 주가 또는 유사 거래의 사례를 이용하여 평가대상의 가치를 평가하는 방법	유사회사 비교법, 유사거래 비교법

① 수익가치 접근법

수익가치 접근법은 말 그대로 대상기업의 수익에 초점을 맞춘 접근법이다.

수익가치 접근법의 대표적인 평가 방법으로 현금흐름 할인법이 있다. 현금흐름 할인법은 대상기업이 앞으로 벌어들일 수익을 기반으로 미래 현금흐름을 추정하고 미래 현금흐름을 할인율로 적용한 현재가치의 합계로 기업가치를 평가하는 방법이다. 현금흐름 할인법을 흔히 DCF(Discounted Cash Flow) 평가법이라고 지칭한다.

이 방법을 적용하려면 미래의 매출, 비용, 투자금액 등 통상 평가기준일부터 최소 5년간의 현금흐름을 추정하며 현금흐름 할인율의 산정이 필요하다.

현금흐름 할인법은 평가자가 어떠한 가정을 쓰느냐에 따라 기업가치가 크게 변한다는 단점이 있지만 미래의 수익, 비용 그리고 현금흐름을 구체적으로 추정하여 기업가치를 평가한다는 측면에서 기업의 내재가치에 대한 기준치로 실무상 많이 쓰는 방법이다.

② 자산가치 접근법

자산가치 접근법은 대상기업이 보유하고 있는 자산가치를 기준으로 기업가치를 평가하는 방법이다. 통상 대상기업의 자산 평가금액에서 부채를 차감한 순자산가치를 기준으로 대상기업의 가치를 평가하는 것이 이 방법이다.

특정 시점의 자산과 부채만을 기준으로 평가하므로 기업의 수익창출 능력을 반영하지 못한다는 단점이 있지만, 수익을 창출하지 못하는 한계기업 등의 M&A에서 주요한 참고치가 되며 매도인 입장에서 거래가격 하한치의 기준으로 사용되는 경우가 많다.

③ 상대가치 접근법

상대가치 접근법은 대상기업과 유사한 기업에 대한 시장의 평가를 기준으로 기업가치를 평가하는 방법이다. 즉, 유사한 기업이 M&A 거래에서나 주식시장에서 인정받은 가치를 기준으로 평가하는 것이다.

이 방법은 유사한 기업의 PER, EV/EBIT, EV/EBITDA 등 가치배수(Multiple)를 측정하고 이것을 대상기업에 적용하여 평가한다. 가치배수는 순이익 등 재무적인 기준치를 이용하는 것이 일반적이지만 비재무적인 기준치(통신사업자의 경우 가입자 수 대비 기업가치 등)를 적용하기도 한다.

이는 대상기업이 속한 산업에 대한 시장의 최근 평가를 가장 잘 반영할 수 있는 방법이며 가치산정 방식이 직관적이고 이해가 편하다는 장점이 있기 때문에 다양한 이해관계자가 존재하고 직관적인 협상이 중요한 M&A 거래에서 거래 당사자가 가장 많이 참고하는 평가 방법이다.

상대가치 접근법의 적용

M&A를 위해 상대가치 접근법을 이용한다면 유사거래 비교법을 사용하는 것이 가장 좋다.

M&A 거래에는 경영권이 포함되었기 때문에 주식시장에서의 주가

를 기준으로 한 유사회사 비교법을 적용할 경우 해당 업종의 경영권 프리미엄 수준을 반영하기 어렵다는 한계가 있다. 따라서 동종업계 유사 기업의 최근 경영권 거래에서 도출된 배수를 이용하여 평가하는 것이 가장 적절한 접근법일 것이다.

유사거래 비교법은 과거 비슷한 M&A 거래의 기업가치 배수를 측정하고 이를 기준으로 기업가치를 평가하는 방법이다. 예를 들면 대상기업과 유사한 업종의 기업이 기업가치 1,000억 원에 경영권이 거래가 되었고 당시 그 기업의 EBITDA(상각전영업이익)가 100억 원이었다면 여기서 도출되는 EV/EBITDA 배수는 10(=1,000억 원/100억 원)이 된다. 만약 평가하고자 하는 대상기업의 EBITDA가 200억 원이라면 유사거래에서 도출된 EV/EBITDA 배수 10을 적용하며 대상기업의 M&A 기업가치를 2,000억 원(=200억 원×10)으로 평가하는 것이다.

유사거래 비교법은 ① 유사거래의 선정과 ② 배수(Multiple)의 적용이 평가의 근간이 된다.

① 유사거래의 선정

유사거래 비교법을 이용한 가치평가에서 가장 중요한 것은 유사거래의 선정이다.

대상기업과 다른 사업을 경영하는 기업의 거래를 유사거래로 선택한다면 평가 결과에 의미를 부여하기 어려울 것이다. 예를 들어 대상기업이 자동차 부품 제조업을 영위하는데 식료품 제조업을 영위하는 기업의 경영권 거래의 배수를 사용한다면 의미 없는 평가가 되는 것이다.

대상기업이 영위하는 사업이 특수한 업종이어서 유사한 거래를 찾기 어렵다면 해외 거래를 참고하거나 가장 유사한 거래를 조합하여 배수를 산정할 수 있다. 또한 동일한 산업 내에서도 기업의 규모나 시장 내에서의 포지션에 따라 기업가치가 달라지므로 가능하다면 가급적 비슷한 규모의 기업을 유사기업으로 선정하는 것이 효과적이다.

M&A 가치평가를 위해서는 경영권 거래를 비교 대상으로 사용하여야 한다는 점을 유의해야 한다. 유사거래를 찾지 못해 부득이하게 경영권이 포함되지 않은 유사거래를 이용한다면 추가적으로 경영권 프리미엄에 대한 고려가 필요할 수 있다.

② 배수의 적용

유사한 거래를 찾았다면 어떠한 기준지표를 이용하여 배수를 산정하고 적용할 것인지 정해야 한다.

기준지표는 재무지표와 비재무적 지표를 경우에 따라 이용할 수 있다. 일반적으로는 매출액, 영업이익, EBITDA, 순이익, 자본 등 재무지표를 이용하지만 재무지표가 존재하지 않거나 비재무적인 지표가 더 적합하다고 판단된다면 전문인력 수, 가입자 수, 월활동이용자 수(MAU), 페이지뷰 등 비재무적 지표를 적용하기도 한다.

기준지표는 업종의 특수성, 상장 여부 등에 따라 대상기업에 맞게 설정하면 된다. 대상기업이 제조업 등 전통적인 산업이라면 EBITDA

를 사용하는 경우가 많으며, 신성장산업에 속한 기업이라면 영업이익, 순이익 등이 부(-)의 수치인 경우가 많으므로 매출액을 이용하거나 가입자 수 등 비재무적 지표를 이용할 수 있다.

일반적으로 M&A 거래에서 EBITDA 배수가 많이 사용되는데 EBITDA가 통상 기업의 현금흐름 창출 능력을 나타낸다는 점에서 이해가 쉽고 이를 기반으로 투자자의 투자 회수 기간이나 차입금 부담 능력 등을 가늠해볼 수 있다는 측면에서 많이 이용된다.

유사기업의 배수를 통해 해당 산업에 대한 시장의 평가를 읽을 수 있다는 점에서도 의미가 있다. 가치평가에 적용되는 배수는 결국 해당 산업의 성장성과 내재위험을 반영한다고 볼 수 있는데, 통상 산업의 성장성이 높을수록, 산업의 내재위험이 낮을수록 높은 배수가 적용된다.

가치평가 정보의 활용

M&A 거래에서는 가급적 다양한 기업가치 평가 방법을 이용하는 것이 좋다.

특정 가치평가 방법을 적용한 결과를 거래가격 산정에 중요한 기준으로 삼을 수는 있겠지만, 투자자 입장에서는 되도록 수익가치 접근법, 자산가치 접근법, 상대가치 접근법을 모두 활용하는 것이 효과적이다. 각 평가 방법은 그 자체로 M&A에서 중요한 인사이트를 제공하기 때문이다.

실무적으로는 M&A에서 최소한 두 개 이상의 평가 방법을 적용하는 것이 보통이다. 투자자는 가능한 한 다양한 방법을 적용함으로써 대상기업의 적절한 가치를 산정함과 동시에 기업의 위험요소와 가치개선 요소를 파악할 수 있다.

특히 경쟁입찰로 진행되는 옥션 딜 거래에서는 여러 가지 평가 방법을 이용해 봄으로써 경쟁자의 가치평가 수준을 가늠해 볼 수 있으며, 입찰가격에 대한 의사결정에도 도움을 준다.

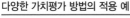

다양한 가치평가 방법의 적용 예

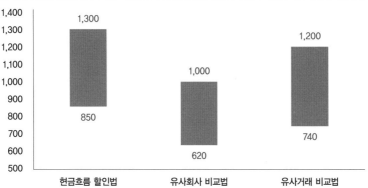

수익가치 접근법의 활용

M&A 거래에서 대상기업에 대한 손익과 현금흐름을 추정하는 작업은 반드시 수반되어야 한다. 그래야 투자자는 손익과 현금흐름 추정 작업을 통해 기업 인수 후 사업계획에 대한 그림을 그릴 수 있으며 개선점도 찾을 수 있다.

M&A 거래에서 이 추정 작업 없이 의사결정을 한다면 기업가치에 대한 합리적인 판단이 어려우며 중요한 위험요인을 놓칠 수 있으므로 주의하여야 한다. 부동산 매입 시에도 연간 임대료 수준과 수선비 등을 가늠하고 매수를 결정하는데, 기업을 인수하는데 손익과 현금흐름을 추정하지 않고 의사결정한다는 것은 매우 위험한 일이다.

투자자는 이 추정 작업을 통해 대상기업의 핵심 사업부문이 어떤 부분인지 구조조정이 필요한 사업부문이 존재하는지 등 기업의 다양한 사항을 파악하고 기업의 시설투자 등 자본적 지출(CAPEX) 소요계획과 운전자본(WC) 계획을 구체적으로 예상할 수 있다.

이러한 사항은 특히 투자자가 인수 후 통합에 대해 구체적으로 계획할 수 있다는 점에서 매우 중요하다. 예를 들면 투자자가 현금흐름에 대한 분석 과정에서 대상기업이 산업 평균 대비 비효율적으로 관리되는 운전자본 정책을 파악했다면 이를 개선할 방법을 미리 검토하여 인수 이후 기업의 현금흐름 창출 능력을 올릴 수 있을 것이다.

자산가치 접근법의 활용

투자자가 순자산가치 평가를 위해 대상기업의 자산과 부채의 구성을 살펴보고 시가(Market value)로 평가하는 과정에서 특정 사항이 발견되면 인수 이후 사업 전략에 반영할 수 있다.

대상기업의 자산 중 시가가 높게 형성된 것이 있다면 자산의 시가와 수익성을 비교해 시가 대비 수익성이 낮다고 판단되는 자산을 매각하는 전략을 세우는 것이다. 예를 들면, 매각가치는 높은데 수익성이나 가동률이 낮은 공장이 향후 활용성 역시 낮은 것으로 분석되었다면 투자자는 거래 이후 해당 공장을 매각하여 현금을 확보하는 전략을 계획할 수 있을 것이다.

상대가치 접근법의 활용

상대가치 접근법을 적용하는 과정에서 동종업계 유사 거래 또는 유사기업의 재무지표 등을 분석하게 되는데, 투자자는 이 과정에서 대상기업의 문제점이나 개선 여지를 파악할 수 있다.

대상기업이 동종업계 대비 이익률이 지나치게 낮거나 반대로 지나치게 높은 사실이 발견된다면 이에 대한 원인을 심층 분석해 보아야 한다. 투자자는 이러한 분석 과정에서 대상기업만의 특별한 사업구조나 특수한 상황에 대한 정보를 획득할 수 있을 것이다. 관련 정보를 통해 대상기업의 위험요소나 인수 이후의 가치창출 요소를 찾아낼 수도 있다.

상대가치 접근법을 이용하여 가치평가를 할 때에는 단순히 배수를 산정하고 적용하는 것뿐 아니라, 동종업계 유사기업과 대상기업의 재무 비율을 비교하는 작업을 해보는 것이 바람직하다.

시너지 평가

이번 M&A에는 분명히 시너지가 있다.
그러나 나는 아직 시너지가 구체적으로 어디 있는지 알 수 없다.
그것을 지금에서야 이야기하는 것은 정말 어리석은 일이다.

— 베리 딜러 —

시너지의 원천

시너지는 통상 '1+1'이 '2' 이상의 효과를 가져오는 것을 의미하며 M&A에 있어서는 거래의 효과로 인수기업이나 대상기업에 추가적으로 창출되는 가치를 말한다.

시너지는 인수기업과 대상기업의 결합에 의해 발생하는 것으로 어떤 기업이 조합하는지에 따라 달라진다. 즉, 인수기업이 누구냐에 따라 시너지의 발생 여부와 그 크기가 다르다. 대상기업이 어떤 인수자와 결합하는지에 따라 추가적인 가치창출이 발생하기도 하고 그렇지 않기도 하기 때문이다.

투자자만 알고 있는 가치 창출 포인트(Value creation point)도 넓은 의미에서 시너지라고 할 수 있다. 시너지는 기업의 결합에서 창출되지만, 인수자가 가진 아이디어에서 생기는 가치 또한 이에 포함된다고 볼 수 있다. 특히 사모펀드가 인수자인 경우에는 기업결합에 의한 가치를 추구한다기보다 대상기업의 가치 창출 포인트를 찾아 이를 발현시키는 데 초점을 맞추게 된다. 이러한 가치 창출은 투자자의 아이디어에서 비롯된다.

시너지 가치는 M&A에서 별도로 평가된다기보다는 '인수 이후 개선 사항을 반영한 기업가치'에서 '단독 기업가치'를 차감하는 방식으로 평가된다. 즉, 시너지의 가치는 거래의 효과로 증대된 기업가치의 크기로 산정할 수 있다.

M&A에서 시너지는 주로 기업의 매출 증대와 비용절감 측면에서 추구되며, 거래에서 일반적으로 검토되는 시너지 포인트는 다음과 같다.

① **매출 증대 측면**

 - 고객군 확장

 - 특정지역 진출을 통한 시장 확대

 - 유통망 결합

 - 크로스셀링(Cross-selling, 교차판매)

– 브랜드 통합

② 비용절감 측면

　– 규모의 경제를 통한 구매 협상력 증가

　– 유통단계 생략을 통한 비용절감

　– 물류 및 배송의 통합을 통한 비용절감

　– 관리기능 통합을 통한 비용절감

　– 기술이전을 통한 비용절감

　– 대상기업의 신용도 개선을 통한 자금조달 비용의 절감

　– 지배구조 변화에 따른 세금의 절감

부정적 효과를 동시에 고려하라

　M&A에 있어서 시너지를 평가할 때는 반드시 기업결합의 부정적 효과도 동시에 고려하여야 한다.

　M&A 거래의 효과로 시너지가 발생할 수도 있지만 오히려 인수기업이나 대상기업의 가치에 부정적 효과를 가져올 수도 있다. 인수자는 거래의 시너지 효과만을 생각하기 쉽지만, 기업결합으로 오히려 매출이 감소하거나 비용이 추가적으로 발생하기도 한다.

　예를 들면 동일한 사업을 경영하는 유통기업 간의 M&A에서 인수기

업과 대상기업이 동일 영업권역 내의 점포를 가지고 있어 거래 이후 해당 점포 중 하나를 폐점해야 하는 상황이라면 기업결합 이후 해당 영업권역의 매출이 오히려 감소할 수 있다.

대상기업이 특정 그룹의 계열사 또는 자회사로서 관계기업으로부터 지원을 받아왔던 경우에는 M&A 이후 이러한 지원이 단절되기 때문에 매출 감소나 비용 증가가 발생할 수 있다. 또한 M&A로 기업 규모가 커지면서 새롭게 규제가 추가된다면(중소기업 요건 불충족으로 인한 규제 증가효과 등), 이에 따른 추가 비용 또한 고려해야 한다.

시너지는 최대한 보수적으로 평가하라

시너지는 단순한 지분인수거래보다는 합병거래에서 더욱 의미가 있지만 경영권이 포함된 지분인수거래에서도 많이 언급되고 고려된다.

획일적으로 말할 수는 없지만 시너지는 보통 수평적 기업결합에서 크게 나타나고, 수직적 결합에서 중간 정도, 사업적인 연관성이 없는 기업결합에서 가장 적게 나타난다. 경우에 따라 매도인이 인수자가 누릴 수 있는 시너지를 염두하여 대상기업의 기업가치를 요구하기도 한다. 매수인 입장에서는 이를 받아들이기 어려울 수 있지만 시너지 가치를 거래가격에 반영할지 여부는 어디까지나 협상력에 달려 있다.

특히 경쟁입찰로 진행되는 거래에서 투자자가 M&A 거래의 성사를 위해 대상기업의 독자적 가치(Stand alone value)에 시너지 가치를 더하여 입찰가격을 제안하는 경우가 많다. 이러한 접근은 종종 경쟁입찰거래에서 전략적 투자자가 재무적 투자자 대비 가격 제안의 우위를 가져가는 기반이 되기도 한다.

그러나 시너지에 대한 과대평가는 M&A에서 승자의 저주를 불러오는 요인 중 하나이므로 투자자는 이에 대한 장밋빛 환상에 빠지지 않도록 주의하여야 한다. 시너지를 기대하여 높은 가격을 지불하였으나 정작 시너지를 창출하지 못한 실패 사례는 수도 없이 많다.

M&A 전문가들조차도 시너지가 정확히 어디서 얼마나 나오는지 알지 못한 채 막연하게 관련 효과를 언급하는 경우가 부지기수다. 혹자는 심지어 M&A 거래에 있어서 가장 경계해야 할 위험한 단어가 '시너지'라고 말한 바 있다.

경영권 프리미엄

> 우리가 잘못된 길에 빠지는 건 뭔가를 몰라서가 아니라
> 안다고 확신하기 때문이다.
>
> — 마크 트웨인 —

경영권 프리미엄의 측정

경영권 프리미엄은 M&A에서 시너지와 함께 가장 많이 언급되는 용어 중 하나다. M&A 관련 뉴스에서 '인수자가 경영권 프리미엄을 몇 % 지급했다'라는 식의 표현을 쉽게 접할 수 있는데, 이것은 말 그대로 기업의 경영권에 대하여 지급하는 프리미엄을 의미한다.

경영권 지분거래에서는 거래가격이 소수지분의 가격보다 더 높게 지불되는 것이 일반적인데, 이렇게 추가적으로 지불하는 가격을 경영권 프리미엄이라고 한다. 즉, 경영권 프리미엄은 경영권 지분거래 시 거래

가격과 경영권 지분이 아닌 주식가격과의 차이로 측정한다. 다시 말하면 경영권이 포함된 지분의 M&A 거래가치에서 일반적인 지분의 독자적 가치(Stand alone value)를 차감한 것이 된다.

M&A 거래가치는 기업의 독자적 가치에 경영권 가치와 시너지 가치를 포함하여 산정되므로, 주식시장에서의 주가가 대상기업의 독자적 가치를 적절히 반영하고 있다면 M&A 거래가격과 주가와의 차이는 결국 시너지 가치와 지배권 가치의 합으로 분석되며 이것을 통상 경영권 프리미엄이라고 한다. 그런데, 사실상 시너지 가치는 모호하기 쉽고 인수자에 따라서는 없는 경우도 생각할 수 있으므로 좁은 의미의 경영권 프리미엄은 결국 기업 경영권 가치에 대한 대가로 볼 수 있다.

경영권 프리미엄의 구성

- 경영권 프리미엄 = M&A 거래가치 – 독자적 가치(Stand alone value)
- 경영권 프리미엄 = 경영권 가치 + 시너지 가치
- M&A 거래가치 = 독자적 가치 + 경영권 가치(Control value) + 시너지 가치(Synergy)

의미 있는 경영권 프리미엄을 산정하려면 M&A 거래가격과 비교되는 주가는 경영권 변동 상황에 영향을 반영하지 않아야 한다. 만약 거래에 대한 정보가 공개되어 M&A에 대한 기대가 이미 주가에 반영되어 있다면 이러한 효과는 제거하고 경영권 프리미엄의 크기를 분석하는 것이 바람직하다.

흔히 M&A 거래가격과 거래공시일 직전일의 주가와 비교하여 경영권 프리미엄을 산정하곤 하는데, 거래 정보가 주식시장에 유출(Leaking)되어 공시 시점에 이미 주가가 높게 형성되어 있는 경우에는 정보 유출에 따른 주가 변동 부분은 제거하고 경영권 프리미엄을 분석해야 한다.

누가 경영권을 가지는가

경영권은 기업의 전략이나 행동을 결정할 수 있는 권리를 의미한다. 즉, 경영권은 기업의 자원, 인력 및 자본을 배분하는 의사결정을 할 수 있는 권리를 의미한다.

기업이 주식회사 형태로 운영된다면 기업의 전략이나 행동에 대한 의사결정은 대부분 이사회를 통하여 이루어진다. 따라서 기업의 경영권은 이사회를 구성할 수 있는 권한, 즉 이사 선임권에서 나온다.

한국의 경우 상법상 이사의 선임은 주주총회에서 이루어지며 주주총회 결의는 '출석한 주주 의결권의 과반수와 발행주식총수의 4분의 1 이상의 수'로 하므로(상법 제368조), 일정 지분 이상을 보유한 최대주주가 이사 선임권을 가진다. 결국 기업의 최대주주가 경영권을 가지는 것이다.

일반적으로 50%를 초과한 지분을 보유한 최대주주는 안정적인 경영권을 가진다고 할 수 있으며 상장회사와 같이 주주가 분산된 기업의 경우 30% 정도의 지분 보유만으로도 최대주주로서 경영권을 행사하는 것이 가능하다.

경영권 가치는 어디서 오는가

경영권 가치의 원천은 주로 두 가지 관점에서 분석된다. 하나는 기업 활동에 대한 의사결정권으로 기업가치를 증대시킬 수 있는 권한에 대한 가치라는 관점이며, 다른 하나는 지배주주가 경영권을 이용하여 사적이익을 취할 수 있다는 점에 대한 가치라는 것이다.

첫 번째 관점에서 경영권 가치는 기업 경영의 의사결정에 영향을 미칠 수 있는 권한에 대한 가치로서 경영권 가치의 본질적인 의미에 가깝다. 이러한 관점에서는 누가 경영권을 가지고 있느냐에 따라 달라질 수 있으므로 어떻게 보면 시너지 가치와 중첩될 수 있다.

이러한 관점의 경영권 가치는 대상기업의 성장 잠재력이나 개선 여지가 크면 클수록 크게 나타나므로 변동성이 큰 산업이나 경영활동을 통해 전략적 유연성을 가질 수 있는 산업에서 경영권 가치가 큰 경향이 있다.

두 번째 관점은 지배주주가 경영권을 이용하여 개인적인 이익을 취할 수 있다는 관점으로서 지배권 가치를 지배주주가 일반주주 대비 차별적인 혜택을 얻을 수 있는 권한에 대한 가치로 보는 관점이다.

이러한 측면의 경영권 가치는 소수주주에 대한 보호장치가 잘되어 있는 환경일수록 낮아지는 경향이 있다. 최근에는 기업의 경영활동이 투명하게 공시되고 소수주주에 대한 보호장치가 강화되는 추세에 있어 두 번째 관점의 경영권 가치는 과거에 비해 크지 않은 편이다.

경영권 가치의 크기

경영권 가치의 크기는 여러 가지 요소에 영향을 받는다. 대상기업이 영위하는 산업, 재무구조, 최대주주의 지분율 수준, M&A 거래 시 경기 상황 등 경영권 가치에 영향을 미치는 요인은 셀 수 없이 많다.

과거부터 경영권 프리미엄의 크기에 대해 이론적으로 검증하려는 시도는 많이 있었지만, 그것은 불가능에 가깝다. 주가는 시시각각 변하고 다양한 요인에 영향을 받으므로 경영권 프리미엄 측정을 위한 독자적 가치에 대한 객관적인 규정이 쉽지 않고, 경영권 프리미엄에는 경영권 가치뿐 아니라 시너지 가치에 대한 대가가 함께 포함되어 있어 프리미엄을 세부적으로 분석하는 것이 사실상 불가능하기 때문이다.

상황에 따라 다르지만, 여러 경험적인 연구나 실무 사례에 따르면 경영권 프리미엄을 통상 전체 주주가치의 20~50% 수준으로 보는 것이 일반적이다.

한국의 세법(상속세 및 증여세법)에서도 최대주주의 주식에 대하여는 주식가치를 20% 할증하여 평가하도록 규정하고 있는데, 이러한 세법 규정 또한 경영권 프리미엄 수준을 고려한 것이다.

경영권 프리미엄에 대한 접근법

경영권 프리미엄을 주가의 몇 %라는 식으로 표현하는 것은 맞는 것일까? 사실 경영권 가치는 모든 주주에게 귀속되는 게 아니라 지배주주에게만 귀속되는 가치로서 기업의 독자적 가치와 별도로 존재한다. 따라서 경영권 프리미엄을 주가의 몇 %라고 접근하는 것보다는 경영권 가치가 전체 주주가치의 몇 %인가를 계산해 보는 것이 더 의미 있는 접근 방법이다.

시가총액 1,000억 원인 기업의 최대주주 지분 50%를 인수하면서 650억 원을 지불했다면 시가총액의 50% 해당분인 500억 원(=1,000억 원×50%)보다 150억 원(=650억 원−500억 원)을 프리미엄으로 지급한 것인데, 통상적인 경영권 프리미엄 표현법에 의한다면 경영권 프리미엄은 '30%(150억 원/500억 원)'라고 말할 수 있다. 이러한 접근법은 1주당 경영권 프리미엄률을 분석하는 방법이다.

그러나 위 사례에서 인수자가 지불한 경영권 프리미엄 150억 원은 모든 주주에게 귀속되는 가치가 아니라 최대주주에게만 별도로 귀속되는 가치라고 보면 시가총액 1,000억 원과 비교하는 것이 더욱 의미있는 접근 방법이다. 프리미엄으로 지급된 150억 원을 시가총액과 비교한다면, 경영권 프리미엄은 '15%(=150억 원/1,000억 원)'가 된다. 이렇듯 경영권 프리미엄을 시가총액 대비 비율로 파악하는 것을 표준화된 경영권 프리미엄률이라고 한다.

즉, 표준화된 경영권 프리미엄률은 경영권 프리미엄 지급 금액을 독자적인 주주가치, 즉 시가총액으로 나누어 산정한다.

이러한 접근 방법은 낮은 지분율의 경영권 지분에서 나타나는 높은 경영권 프리미엄률을 설명하는데 유용하다. 예를 들면, 시가총액 1,000억 원인 기업의 30% 지분을 취득하여 경영권을 인수하는 거래에서 주가해당분 300억 원에 경영권 가치 300억 원을 더하여 해당 경영권 지분을 인수했다면 통상 경영권 프리미엄을 100%(=300억 원/300억 원) 지급했다고 표현한다. 하지만 시가총액을 기준으로 계산하는 접근법으로는 표준화된 경영권 프리미엄률이 30%(=300억 원/1,000억 원)가 된다. 이 사례에서 경영권 프리미엄이 100%라고 하면 일견 높게 지불된 것으로 보이지만 표준화된 경영권 프리미엄률로 분석한다면 시가총액 대비 지급된 경영권 프리미엄의 비율은 일반적인 수준으로 볼 수 있는 것이다.

M&A 거래에서 50% 이상의 경영권 지분이 거래될 때보다 오히려 적은 지분율의 경영권 지분이 거래될 때 1주당 경영권 프리미엄이 높게

나타나는 경우가 많은데, 위와 같은 표준화된 경영권 프리미엄률 접근법으로 이러한 현상을 쉽게 설명할 수 있다. 상대적으로 적은 지분으로 경영권을 확보할 수 있는 상황이라면 경영권 가치가 그에 수반되어 거래되므로 1주당 경영권 프리미엄이 높게 나타날 수밖에 없는 것이다. 즉, 시가총액을 기준으로 프리미엄률이 낮더라도 최대주주가 보유한 지분율이 낮으면 최대주주 보유지분 1주당 경영권 프리미엄률이 높아질 수 있는 것이다.

상장회사 경영권 변경 시 의무공개매수제도

상법은 M&A(합병, 영업양수도)와 관련하여 주주총회 결의, 주식매수청구권 등 다양한 주주보호장치를 규정하고 있으나, 주식양수도 방식으로 경영권이 이전되는 경우에는 다른 M&A 유형에 대비하여 주주보호장치가 미약하다는 비판이 존재해 왔다. 주식양수도 방식으로 기업 지배권이 변경되는 경우 최대주주를 제외한 일반주주는 자금 회수기회가 없고 경영권 프리미엄 또한 공유가 불가능하기 때문이다.

일반투자자를 보호하기 위해서 EU, 영국, 독일, 일본 등 해외 여러 국가에서는 일정 규모 이상의 주식을 취득하려는 경우 잔여주주 모두를 상대로 공개매수하여야 하는 의무공개매수제도를 도입하고 있는데, 최근 한국도 이러한 의무공개매수제도 도입이 검토되고 있다. 이는 M&A 거래로 상장회사 주식의 일정 지분율 이상을 보유한 최대주주가 되려고 하는 경우 해당 인수자에게 최대주주 이외의 일반주주가 보유한 잔여지분에 대하여 공개매수 의무를 부과하는 제도이다.

위와 같은 의무공개매수제도의 도입은 상장회사 M&A 실무에 상당한 변화를 가져올 것으로 예상된다. 상장회사의 경영권 변경 거래에서 인수자에게 일반주주들의 주식까지 매수하도록 의무화한다면, 1주당 경영권 프리미엄률은 과거보다 낮아질 수밖에 없을 것이다. 인수자가 경영권 프리미엄으로 지급하고자 하는 금액 총액은 동일한데 해당 금액을 나누어 가지는 주주의 수가 증가한다면 자연스럽게 1주당 경영권 프리미엄이 낮아지기 때문이다.

기업가치 vs 주주가치

M&A 가치평가에 있어서는 주주가치와 기업가치에 대한 개념을 명확히 구분하여 커뮤니케이션해야 한다. 관련 뉴스 기사에서도 기업가치와 주주가치를 혼용하고 있는 경우가 많아 거래가치나 거래금액에 대한 오해를 낳는 경우가 많다.

예를 들어 "A사 1,000억 원 기업가치로 매각"이라는 기사를 접하였을 때, A사 주주가 100% 지분을 1,000억 원에 매각했다고 오해할 수 있다. 그러나 이 기사에서는 말 그대로 A사가 기업가치로는 1,000억 원을 인정받은 것이고 실제 지분거래에서는 차입금 500억 원을 고려하여 지분 100%를 500억 원에 거래한 것일 수 있다.

반대로 "A사 500억 원에 매각"이라는 뉴스를 접하였을 때 A사가 기업가치를 500억 원으로 인정받았다고 인식하는 것도 잘못된 것이다. A사 지분 100%가 500억 원에 거래되었지만, 차입금이 500억 원이 있었다면 A사는 1,000억 원의 기업가치로 매각된 것이기 때문이다.

기업가치 vs 주주가치

기업가치는 기업 전체의 가치를 의미하여 주주가치와 채권자 가치의 합이다. 즉, 주주가치와 채권자 가치로 구성되며 주주가치는 기업가치에서 순차입금을 차감하여 산정된다. 만약 기업에 차입금이 없고 오히려 거액의 현금성 자산을 보유하고 있는 경우에는 기업가치보다 주주가치가 클 수 있다.

기업가치 vs 주주가치

이 개념은 기초적인 개념이지만 의외로 실무에서는 기업가치와 주주가치를 혼동하는 경우가 많이 발생한다.

투자자가 인수 제안을 하면서 최근 해당 기업의 차입금 수준에 대한 정보를 알지 못하면 기업가치를 기준으로 인수 제안을 하게 되는 경우가 많은데, 이때 제안된 가격을 매도인이 주주가치에 대한 가격으로 오해하는 경우가 발생하기도 한다. 예를 들면 투자자가 1,000억 원 수준의 기업가치로 M&A 거래를 제안하였는데 대상기업의 주주는 본인의 지분을 1,000억 원에 인수하겠다는 것으로 잘못 이해하기도 한다.

동일업종의 유사한 규모의 기업이 지분 100%가 1,000억 원으로 거래된 사례를 내세우며 매도인이 막연하게 대상기업의 주주가치를 1,000억 원으로 주장하기도 하는데 이러한 접근은 비교기업과 대상기업의 차입금 수준이 다를 수 있는 점을 간과한 것이다. 이러한 혼동과 오해는 재무정보가 수시로 공개되지 않는 비상장기업이나 매도인이 재무정보에 대한 정확한 이해가 부족한 경우에 주로 발생한다.

순차입금

주주가치는 기업가치에서 순차입금(Net Debt)을 차감하여 산정하므로 이 둘의 차이는 기업의 순차입금 수준이 된다. 순차입금은 기업이 실제로 부담하는 차입금 수준으로 통상 '차입금에서 현금성 자산을 차감한 금액'을 의미한다.

많은 M&A 실무자들은 과거 손익 추세, 미래 산업 전망 등 여러 가지 분석과 다양한 가치평가 방법을 동원하여 심도 있게 기업가치를 산정하는 데 반하여, 정작 주주가치를 산정하면서 기업의 순차입금 수준에 대하여 상대적으로 깊게 검토하지 않는 경우가 많다.

순차입금 수준에 대한 분석에 오류가 생기면 주주가치에 대한 판단에도 오류가 발생하므로 주주가치를 산정할 때 순차입금 수준에 대해 심층적으로 검토해 보아야 한다.

① 차입금

차입금은 대상기업 전체 차입금의 총합계이다. 이자비용이 발생하는 이자부 부채금액의 합계액으로 계산한다. 차입금에는 금융기관 차입금뿐 아니라, 사채 및 관계회사, 기타 개인 등으로부터 차입한 금액을 모두 고려해야 한다.

만약 대상기업에 기간이 경과한 세금 체납액, 정부로부터의 과징금 등 통상적인 영업활동과 관련이 없는 채무가 존재하고 이것이 현금흐름 추정 등 기업가치 평가에 고려되지 않았다면 주주가치 산정 시 차감하는 차입금으로 계산할 필요가 있다.

② 현금성 자산

순차입금은 차입금에서 현금성 자산을 차감하여 산정하는데, 기업이 보유한 현금으로 상환할 수 있는 금액을 차입금에서 조정하는 의미다.

정확히 하자면 순차입금을 산정할 때 차감하는 현금성 자산은 차입금을 상환하거나 배당할 수 있는 잉여현금이어야 한다. 그러나 현금성 자산 중 얼마가 잉여현금이고 어느 정도가 운전자본 성격의 현금성 자산인지를 구분하는 것은 어려운 일이므로 실무에서 순차입금은 현금성 자산 전액을 차감하여 산정하는 경우가 많다.

다만, 기업의 현금성 자산은 매일 시시각각 변하며 회계 기간 말에는 매출대금 수금 상황, 매입대금 지급 상황 등에 따라 보유현금의 수준이 크게 변동할 수 있으므로 정확한 현금성 자산의 수준을 파악하려면 운전자본(매출채권, 재고자산, 매입채무, 선수금 등) 수준의 변화 추이를 함께 분석하는 것이 좋다.

즉, 특정 기간의 마지막에 크게 증가한 현금성 자산은 매출대금의 이례적인 선입금이나 일시적인 매입대금 지급의 지연 등 비경상적인 사유 때문일 수 있다. 따라서 현금성 자산의 분석 시에는 운전자본 수준이 과거 운전자본 회전율에 비추어 큰 변동이 있는지 확인하는 과정이 필요하다.

특히 운전자본과 관련한 정책이 일정하지 않거나 반복적이지 않은 중소 규모 기업의 경우에는 현금성 자산의 수준이 급격하게 변동하는 경우가 많으므로 이와 같은 사항을 분석할 때 특히 주의해야 한다.

가치평가에서 주의할 사항

우리가 할 수 있는 모든 일을 했다면,
그 결과에 스스로 놀랄 것이다.

− 토머스 에디슨 −

가치평가는 M&A 거래가격에 대한 의사결정에 직접 영향을 미친다. 일률적인 가치평가 방법이 존재하지 않다 보니 거래 경험이 많은 투자자라고 하더라도 가급적 다양한 가치평가 방법을 이용한다.

M&A에서는 직관적이고 이해가 용이한 상대가치 평가 방법을 주로 사용하지만 대부분의 투자자는 재무추정과 수익가치 평가 작업을 병행한다. 바이아웃 거래를 전문으로 하는 사모펀드의 경우에도 미래의 손익을 추정하여 미래 시점의 예상 매각금액(Exit value)를 가늠해 보고 이를 현재 시점의 가치와 비교하여 투자 기간의 수익률(IRR)을 산정하는 분석 과정을 거친다.

투자자가 수익가치 평가 방법의 결과치를 거래가격 의사결정에 참고하는지 여부를 떠나서 M&A 거래에서 미래의 손익과 현금흐름을 추정하는 것은 반드시 필요한 과정이다.

기업의 미래 손익과 현금흐름을 추정할 때 주의하여야 할 몇 가지 사항들을 살펴보자.

비영업자산은 별도로 고려하라

비영업자산은 말 그대로 기업의 주된 사업과 관련이 없는 자산이다. 비영업자산으로 대표적인 것은 기업의 주된 사업과 무관한 임대용 부동산, 투자 목적으로 보유한 주식 및 채권, 기타 대여금 등이다.

이러한 비영업자산이 그 자체로 가치가 있고 현금흐름을 창출할 수 있는 자산이라면 기업가치 산정에 고려되어야 하는데, 실무적으로는 비영업자산 가치는 영업가치와 별도로 평가하고 영업가치에 더하여 기업가치를 산정하는 방식을 많이 이용한다.

비영업자산에서 창출되는 수익이 현금흐름이나 수익지표(EBITDA 등)에 반영되었다면 비영업자산 관련 현금흐름이나 손익의 영향을 제거하여 영업가치를 분석해야 한다. 즉 임대용 부동산을 시세로 평가하여 기업가치에 고려하고자 한다면 수익가치 접근법이나 상대가치 접근법에 의한 기업가치 산정 시에는 임대용 부동산에서 나오는 현금흐름이나 손익은 제거하여 분석해야 하는 것이다. 만약 가치평가 시 이러한 사항을 고려하지 않는다면 자칫 비영업자산의 가치가 기업가치 산정에 중복으로 고려되는 오류가 발생할 수 있으므로 주의해야 한다.

비영업자산에 대한 평가를 할 때는 해당 자산을 곧바로 현금화할 수 있는지 여부와 매각에 소요되는 비용 수준에 대하여 함께 검토하여야 한다. 비영업자산을 현금화하는 데까지 일정 시간이 걸린다면 현재 가치 개념을 도입하여 해당 자산가치를 할인하여 평가해야 하며, 매각에 소요되는 세금이나 수수료 등의 비용이 든다면 비영업자산의 가치에서 차감하여 평가해야 한다.

거액의 자본적지출 소요를 파악하라

자본적지출은 기간별 고정자산 투자 소요금액을 말하며, 일반적으로 CAPEX(Capital expenditure)라고 일컫는다. 투자자가 거래 검토 단계에서 대상기업의 자본적지출 소요금액에 대한 정보를 상세히 파악하기는 어렵다. 특히 상세실사를 수행하기 전에는 대상기업이 제시하는 자료에 의존할 수밖에 없다.

투자자는 매도인이 자본적지출 소요금액을 과소평가하려는 경향이 있다는 점을 유의해야 한다. 자본적지출 소요금액이 크지 않을 것이라 생각하고 기업을 인수하였으나 이후에 거액의 자본적지출이 필요한 상황을 맞이하여 어려운 상황에 처하는 투자자를 종종 볼 수 있다.

특히 대상기업이 기계장치, 설비, 비품 등을 주기적으로 교환해야 하는 사업을 경영하고 있다면 투자 검토 시점부터 산업전문가의 조언을 청취하는 등의 방법을 통해 자본적지출 소요 예상액을 면밀히 파악해야 한다. 자본적지출이 소요되는 시기를 얼마 남겨놓지 않고 기업 매각을 추진하는 매도인도 많기 때문이다.

자본적지출 분석에는 유형자산 투자금액뿐만 아니라 연구개발(R&D) 등 무형자산 관련 투자금액 또한 고려해야 한다. 대상기업이 지속적으로 신제품이나 신기술 개발에 투자가 필요하고 관련 지출을 자산화하는 정책을 사용하고 있다면 그 또한 자본적지출로 고려할 필요가 있다. 이러한 정책을 사용하는 기업은 연구인력 인건비 등 지출 항목을 비용으로 처리하지 않고 자산으로 처리하기 때문에 단순히 과거 손익계산서 등을 기준으로 가치평가를 수행한다면 큰 오류가 발생할 수 있으므로 유의해야 한다.

운전자본을 간과하지 말라

운전자본은 그 중요성에 비하여 가치평가에서 중요하게 다루어지지 않는 경우가 많다. 그러나 운전자본은 기업의 현금흐름에 큰 영향을 미칠 수 있으므로 운전자본에 대한 심층적인 분석은 필수적이다.

운전자본 현금흐름을 추정하기 위해서는 사업 규모에 따른 필요 수준을 분석해야 한다. 이를 위해서 매출채권 회수 기간, 매입채무 지급 기간, 재고자산 회전 기간 등 운전자본 회전기일의 과거 경험치와 기업이 시행하고 있는 정책을 파악한 후, 동종업계 유사기업의 운전자본 회전율과 비교해 보아야 한다.

특히 M&A가 진행되는 시점에서의 운전자본 수준이 과거 추이와 크게 다른 경우에는 그 원인을 철저히 분석할 필요가 있다. 매도인이 매각조건을 유리하게 하기 위해 장기적으로 유지되기 어려운 운전자본 정책을 일시적으로 운영하는 것이라면 최근의 재무지표를 이용한 가치평가에 오류가 포함될 수 있기 때문이다.

또한 매출채권에 회수 불가능한 채권이 포함되어 있는 경우, 장기체화 재고자산이 존재하는 경우, 운전자본 부채 중 사실상 차입금 성격의 부채가 포함된 경우 등 운전자본에 영향을 미치는 특수한 상황이 존재하는 경우에도 운전자본 지표가 왜곡되어 있을 수 있으므로 유의해야 한다.

잔존가치는 보수적으로 산정하라

현금흐름 할인법에 의한 가치 산정을 할 때 통상 잔존가치라는 것을 고려하게 된다. 잔존가치는 현금흐름을 추정하는 기간이 끝날 무렵의 기업가치를 의미하며 현금흐름법에 의한 가치평가에서 기업가치의 상당한 비중을 차지한다.

잔존가치는 추정 기간 마지막 연도의 현금흐름과 영구성장률을 기초로 산정하는 방법을 많이 사용하는데 영구성장률에 따라 조금만 바뀌더라도 잔존가치가 크게 영향을 받으며 이는 곧 기업가치에 큰 영향을 미친다.

영구성장률을 이용할 때 유의해야 할 점은 반드시 보수적인 수치를 사용하여야 한다는 것이다. 모든 산업은 라이프사이클이 있으며 영구적으로 높은 성장률을 유지하는 비즈니스는 존재할 수 없다. 따라서 잔존가치 산정 시 높은 영구성장률을 적용하는 것은 매우 위험한 가정이다.

이러한 문제점을 해결하기 위해 추정 기간 말의 기업가치를 상대가치 접근법으로 산정해 잔존가치로 이용하는 방법이 고려되기도 한다. 예를 들면 추정 기간 말의 EBITDA에 일정한 배수를 곱하여 기업가치를 산정하고 이를 잔존가치로 고려하는 방법을 이용할 수 있다.

세금 추정에 유의하라

세금 또한 기업가치 평가에 큰 영향을 미치는 요소 중 하나다. 세금도 가치평가에서 면밀히 검토되지 않는 경향이 있는데 세금에 대한 추정에 따라 기업가치는 크게 변동될 수 있으므로 유의해야 한다.

법인세율이 누진세율 구조로 되어 있고 대상기업의 이익이 계속 증가하는 추세라면 현금흐름 추정 시 이러한 구조가 반영되는지 체크해야 한다. 예를 들면 한국의 법인세율은 이익 규모에 따라 달라지는데 대상기업의 이익 규모가 기간이 경과함에 따라 증가하는 것으로 추정된다면 추정이익에 따라 적용세율이 다르게 적용되어야 하므로 주의해야 한다.

기업이 세법상 감면 혜택을 지속적으로 받거나 세무상 페널티를 지속적으로 받는 사업을 영위하는 경우에는 세법에 규정된 일반세율이 아닌 실제 대상기업에 적용될 유효세율을 적용하는 것이 바람직하다. 예를 들면 대상기업이 업종 특성상 매년 거액의 접대비가 발생하며 이로 인해 법인세 부담세율이 크다면 과거 평균 유효세율을 별도로 산정하거나 미래의 연간 법인세를 별도로 추정하는 것이 효과적일 것이다.

특히 세금은 국가 간 거래에서 매우 중요한 고려사항이 된다. 만약 대상기업의 사업이 해외에 소재하고 있다면 해당 사업소재지의 세율, 세금정책 등을 종합적으로 검토하여 가치평가에 반영해야 한다.

'승자의 저주'에 빠지지 않으려면

> M&A는 강한 의지와 결단력을 필요로 한다.
> 아이러니하게도 그것은 인수비용을 제외한 모든 면에서 매력적인
> M&A 기회를 그냥 지나칠 수 있는 의지와 결단을 의미한다.
>
> — 로버트 시직 —

'승자의 저주(Winner's Curse)'는 인수 경쟁에서는 이겼지만 과도한 비용을 치름으로써 오히려 위험에 빠지게 되거나 커다란 후유증을 겪는 상황을 의미한다.

M&A 거래는 투자자 입장에서 큰 투자인 경우가 대부분이기 때문에, 만약 투자자가 거래로 손실을 본다면 거액의 손해를 볼 가능성이 높다. 이 때문에 잘못된 M&A 투자 판단이 승자의 저주를 낳는 경우가 많은 것이다.

기업가치는 기업의 내재적인 요인이나 외부 환경의 변화에 따라 시시각각 변한다. 투자자가 M&A 거래 시점에 아무리 철저한 실사와 가치평가를 수행했다고 하더라도 예상치 못한 상황이 발생하여 거래 후에 어려운 상황을 맞이하기도 한다.

승자의 저주에 빠질 가능성을 낮출 수 있는 몇 가지 고려사항을 살펴보자.

언젠가 다시 매도할 것이라고 생각하라

투자자가 명확하지 않은 시너지나 기업의 전략적 목표 달성이라는 미명 아래 무모한 M&A 거래를 시도하는 경우가 종종 있다. 특히 전략적 투자자 중에서 이러한 M&A 시도가 자주 나타난다.

가치평가에서 근간이 되는 것은 언제나 대상기업의 본질적인 가치여야 한다. 이러한 가치평가에 막연한 전략적 의미나 모호한 시너지에 대한 기대를 반영한다면 M&A에서 과도한 거래가격 지불을 불러올 수 있다.

투자자 입장에서는 M&A 거래 또한 어디까지나 투자 의사결정 중하나이며, 투자를 통하여 투자수익을 창출하는 것을 목표로 하는 것이 투자 의사결정의 기본 원칙임을 잊지 말아야 한다. 이를 위해 투자자는 M&A를 검토할 때 대상기업을 인수한 이후 특정 시점에 매각하여 투자수익을 내야 한다는 가정하에 거래를 바라볼 필요가 있다.

이러한 점에서 M&A를 시도하는 투자자는 사모펀드의 거래 의사결정 관점을 참고할 필요가 있다. 투자자가 M&A로 경영권을 획득하여 대상기업을 지배한다는 측면이 아니라 거래를 통해 재무적 이득을 창출한다는 관점에서 거래를 검토하고 평가한다면 좀 더 냉정하고 객관적 의사결정을 할 수 있을 것이다.

과거가 아닌 미래에 집중하라

투자자가 대상기업이 가진 과거의 드라마틱한 성장과 높은 수익률에 이끌려 M&A를 하였으나 인수 직후 급격히 실적이 악화되어 어려움을 겪는 경우가 많다. 기업이 최근에 높은 성장률과 높은 이익률을 기록했다고 해서 미래에도 똑같이 유지되는 것은 아니다.

M&A에서 기업의 사업 환경에 대한 면밀한 검토와 미래 상황에 대한 예측 과정 없이 단순히 과거의 성과가 지속될 것이라고 가정하는 것은 매우 위험한 접근이다. 만약 대상기업이 최근 급격한 성장률과 수익률을 기록했다면 투자자는 그 성장과 수익성의 기반이 된 핵심 요인이 무엇인지 파악해 보고 그 요인(해당 산업의 경기사이클, 경쟁 상황, 지식재산권 등)이 미래에도 지속될 수 있는 것인지 파악해 보아야 한다.

M&A 시장은 대표적인 정보 비대칭 시장이다. 매도인은 미래의 위

험이나 실적 악화 가능성을 감지하고 기업 매각을 추진하는 것일 수도 있다. 많은 M&A에서 거래 직후 갑자기 산업의 경기가 꺾이거나, 강력한 경쟁자가 출현하는 등 예상하지 못한 상황이 발생하여 기업가치가 급격히 훼손되는 경우를 종종 목격할 수 있다.

승자의 저주에 빠지지 않으려면, 투자자는 기업의 과거나 현재가 아닌 미래의 모습을 그리는 데 집중해야 한다.

산업 평균을 고려하라

어떤 기업이 업계 내에서 다른 경쟁업체 대비 탁월한 영업이익과 성장률을 유지하고 있다면, M&A 대상으로 매우 매력적으로 보일 수 있다. 투자자가 이러한 기업을 M&A 대상기업으로 검토한다면 그 탁월한 경영 성과가 반복될 것이라고 가정하기에 앞서 그 성과의 요인을 분석해 볼 필요가 있다.

개별 기업이 산업 내 다른 유사한 기업과 비교했을 때 차별적인 성과를 내는 데에는 반드시 이유가 있기 마련이다. 그것은 특정 거래처와의 유리한 거래조건 때문일 수도 있고, 기업이 최근에 따낸 큰 계약의 영향일 수도 있으며, 또는 경영자나 그 기업에 재직하는 유능한 몇몇 조직원들의 능력 덕택일 수도 있다.

만약 기업의 탁월한 경영 성과의 기반으로 분석된 요인이 인수 이후

유지될 수 없거나 단기적으로 사라질 수 있다면, 투자자는 인수 직후 경영 성과의 저하와 기업가치 하락을 경험할 수 있다.

산업 내 개별 기업이 산업 평균을 뛰어넘는 탁월한 경영 성과를 오랜 기간 동안 지속하는 것은 매우 어려운 일이다. 고성장 기업이나 고수익 기업을 대상으로 M&A를 검토한다면 그 기업의 성과 수준이 비경상적인 상황의 해소, 경쟁자의 출현 등으로 장기적으로는 산업 평균에 회귀할 가능성에 대하여 반드시 생각해 보아야 한다.

다른 대안을 고려하라

투자자는 기업 전략을 수행함에 있어 항상 M&A 이외의 다른 수단을 함께 고려해야 한다.

자금력이 있는 대기업이 특정기업에 대해 M&A 의사가 있다는 정보가 시장에 공개된 경우, 통상 그 특정기업의 매도인은 가급적 높은 가치를 거래금액으로 주장할 가능성이 높다. 이러한 상황에서 매수인이 M&A 거래 이외에 다른 대안이 없다면 매도인에게 계속 끌려가는 협상을 하게 되거나 처음에 생각했던 것보다 높은 거래가격을 지불하게 될 가능성이 높다.

투자자는 M&A 이외의 다른 대안을 함께 가지고 있음으로써 가치평가를 비이성적으로 판단할 가능성을 낮출 수 있다. 또한 M&A 협상에서 투자자의 협상력을 강화하는 주요한 역할을 할 것이다.

특히 신규 사업에 진출할 목적으로 M&A를 검토한다면 공장을 짓거나 직접 개발하는 등의 그린필드 투자안도 비교 검토하는 것이 바람직하다. 과거 롯데그룹은 2013년에 OB맥주 인수전에 뛰어들어 맥주 사업에 진출할 것이라는 시장의 예상을 깨고 M&A 대신 직접 맥주 생산시설에 투자하는 그린필드 투자 방법을 택한 바 있다.

실사의 목적과 의미

무조건 믿지 마라.
검증하라.

      – 스티븐 D. 래빗 –

실사(DD, Due Diligence)의 본래 개념은 기업금융 업무에서 공시자료에 누락이 없는지 확인하는 작업에서 시작되었는데, 실무상 지분 인수 등 투자거래를 위해 투자자가 대상기업의 재무, 법률, 영업 상태 등을 검토하는 것을 의미하는 용어로 널리 쓰인다.

실사의 목적과 의미

실사는 기업의 매력을 확인하고 리스크를 파악하고 점검하는 절차이다.

투자자가 M&A 거래를 완료했다는 것은 투자자가 대상기업의 매력이 리스크 대비 크다고 판단했다는 것을 의미한다. 투자자는 실사를 통해 대상기업이 투자할 만한 대상인지 검증하는 것이다. 거래 규모가 클수록, 대상기업이 크고 복잡한 회사일수록 M&A에서 실사는 더욱 중요해진다.

실사는 거래와 관련한 모든 사항의 연결고리이자 투자자의 위험관리 도구이다. 기업이라는 거대한 조직을 파악하는 도구로 사용되는 실사는 M&A에서 매우 중요한 의미를 가진다.

투자자는 실사 결과 발견된 리스크 사항을 거래가격에 반영하거나 거래조건을 조정할 수 있으며, 본계약 협상에서 진술 및 보장사항에 반영하여 거래 후 손실이 발생할 경우 보전받을 수 있는 구조를 만들 수 있다. 또한 해당 리스크 사항을 인수 후 통합 과정을 통해 감소시킬 방안이 있는지 미리 계획을 수립할 수도 있을 것이다. 실사로 발견된 리스크가 헤지 불가능하고 인수자가 감당하기 어려운 수준인 경우 투자자는 거래 진행 중단을 선택할 수도 있다.

실사를 하지 않고 M&A 거래를 하는 것은 있을 수 없는 일이다. 기업 M&A에 있어서 실사라는 것은 부동산 거래에서 부동산 등기부나 임대차 현황을 살펴보는 작업과 마찬가지이다. M&A 거래에서 실사의 일부를 생략하거나 축소한다면 투자자는 그 해당하는 만큼의 리스크를 부담할 수밖에 없다.

실사의 단계와 구분

투자자가 대상기업을 사전조사할 때부터 이미 실사는 시작된다고 볼 수 있다. 공개된 정보에 대한 분석, 대상기업 경영진과의 면담 등의 과정은 어찌 보면 실사의 한 부분이기 때문이다.

예비적 제안 단계에서의 실사는 주로 공개된 정보와 매도인이 제공하는 제한적인 자료를 기반으로 이루어진다. 이 단계에서는 통상 '예비실사'라고 하며, 투자자는 예비실사를 통해 주로 예비적인 거래조건을 도출하고 기초적인 거래구조를 설계한다.

거래조건에 대한 윤곽이 나오고 LOI 등이 체결되어 텀시트가 나오면 비로소 광범위한 범위의 실사가 이루어진다. 이 단계에서의 실사를 통상 '본실사'라고 한다. 본실사 단계에서 투자자는 대상기업의 영업, 재무, 법률 등의 분야에 대해 세부적인 자료를 검토하게 된다. 투자자는 본실사를 통해 기업의 매력과 리스크를 최종 확인하고 본계약 거래조건을 구체화한다.

최종 계약 이후의 실사는 본실사에서 파악된 사항을 재확인하기 위해 실행되는 경우가 대부분이다. 계약이 체결된 이후의 실사를 통상 '확인실사'라고 한다. 확인실사는 본계약의 진술 및 보장사항을 확인하고 본실사 과정에서 파악한 사항의 변동 여부 등을 확인한다. 또한 투자자는 확인실사를 통해 인수 후 통합 계획을 구체화하고 실행 전략을 마련한다.

실사의 단계별 구분

구분	시점	실사의 주요 목적	실사 주요 대상
예비실사	예비적 제안 전	예비적인 가격과 거래구조의 제안	기업 기본 정보, 가치평가를 위한 재무 Data, 사업 관련 주요 정보
본실사	LOI(Term sheet)체결 후, 본계약 체결 전	가격과 거래구조의 검증 및 확정, 기업 역량과 리스크의 확인	영업, 재무, 세무, 법률 등 광범위하고 세부적인 Data
확인실사	본계약 체결 후, 거래종결 전	계약조건에 대한 검증 및 확인, 인수 후 통합 준비	진술 및 보장사항에 대한 확인, 거래 선행요건 충족 여부 확인, 본실사결과의 재확인 등

실사를 그 대상에 따라 구분하기도 한다. 대상에 따라서 크게 재무실사, 세무실사, 법률실사, 사업실사 등으로 나누기도 하는데, 실사의 성격과 목적을 좀 더 구체화하여 HR실사, 환경실사, IT실사 등으로 세분화할 수도 있다.

투자자가 실사를 수행함에 있어 어느 분야에 큰 비중을 둘 것인지는 대상기업의 특성과 거래 상황에 따라 달라진다.

거래 과정에서 실사의 대상(회계, 법률, 영업 등) 중 일부에 대한 실사를 생략하거나 비중을 축소할 수 있겠지만, 그 리스크는 결국 투자자가 부담하게 된다. M&A는 기업 전체를 대상으로 하기 때문에 특정 부분에 대한 실사를 생략할 때 오는 리스크는 생각보다 클 수 있다. 만약 투자자가 불가피하게 특정 분야에 대한 실사를 생략한다면, 반드시 그에 따른 리스크를 감소시킬 수 있는 다른 방안을 찾아야 한다.

실사는 가능한 한 상세하고 광범위하게 하면 할수록 좋다. 그러나 M&A 거래에서 실사에 사용할 수 있는 시간은 제한적이므로 투자자는 거래의 상황, 대상회사의 특성, 매도자의 신용도 등을 고려하여 실사의 범위와 깊이를 전략적으로 결정해야 한다.

매도자가 정보공개에 대해 폐쇄적인 경우 또는 경쟁입찰거래로 진행되는 경우에는 상대적으로 충분한 실사가 어려울 수 있다. 이때 투자자는 다른 위험관리 방안을 찾아야 한다. 예를 들면, 거래계약 이후 추가적인 실사 절차를 진행하거나 본계약의 거래조건에 실사를 생략한 분야에서 발생할 수 있는 손실에 대한 보전책을 명확히 규정하는 것을 고려할 수 있다.

실사의 관리

실사의 시점, 범위 그리고 어느 분야에 좀 더 집중할 것인가는 거래 상황과 대상기업의 특성에 따라 달라지지만, 실사의 결과가 M&A 전반에 영향을 미친다는 점은 모든 거래에 공통된 사항이다.

투자자는 실사를 통하여 이슈를 파악하게 되며, 이를 분석하고 해결 방안을 찾게 된다. 이러한 이슈는 꼭 리스크만을 지칭하는 것은 아니다. 때로는 중요한 개선 사항이나 가치 증대 방안이 될 수도 있다.

실사 체크 리스트

각 실사 범주별로 체크해야 할 사항을 사전에 정하고 이에 대하여 데이터를 모으고 분석하여 이슈사항을 파악하는 과정이다.

실사는 제한된 시간에 진행되므로 사전적인 계획과 효율적인 실행이 필요하다. 투자자는 실사에 들어가기 전 어떠한 사항에 비중을 두어 실사할 것인지 정해야 한다. 각 실사 범주별로 실사 체크 리스트를 사전에 작성하고 해당 항목을 기반으로 실사 업무를 진행하는 것이 바람직하다.

주요 실사 체크 리스트

사업실사
- 기업의 핵심 역량(동종업계 유사기업과 비교했을 때 강점은 무엇인가 등)
- 브랜드의 성격, 특징, 강점
- 산업의 특성, 환경, 동향
- 산업 내 기업의 포지션, 경쟁 현황(잠재적 경쟁자 출현 여부 등)
- 고객사 및 매입처 등 거래처의 구성과 거래 후 변동 가능성
- 기업의 주요 보유자산, 가동률, 자산 상태 현황
- 경영계획 자료의 검토
- 추가 투자가 필요한 사항
- 비영업자산, 매각 가능한 자산 현황
- 비용절감, 이익 창출 등 시너지 창출 가능 여부 파악
- 조직문화 및 인사정책(보상체계 등)

재무실사
- 재무제표의 적정성 및 회계 기준 준수 여부
- 매출액 및 영업이익 등 주요 손익 항목의 과거 추세 분석 및 이익의 질 검토
- 자산의 건전성 확인 및 우발부채 등 부채의 완전성 검토
- 재무지표에 대한 분석(Normalized EBITDA, Working Capital 등)

- 재무지표의 동종업계와의 비교
- 재무제표 세부 내역의 정리
- 재무적 약정사항에 대한 확인(차입거래와 관련한 약정사항 등)
- 세무 관련 법규 및 규제의 준수 여부
- 법인세 등 세목에 대한 세무 리스크 검토
- 부정 및 오류에 대한 노출 수준(자금 관리 시스템 등)
- 외환 관련 노출 사항
- 인수 후 인수자 재무제표에 미치는 영향 검토

법률실사
- 회사의 조직
- 자본금 등 주식에 관한 사항
- 자산 소유권 등 권리관계
- 지식재산권 관련 사항(보호 여부, 분쟁 가능성 여부 등)
- 계약 관계(영업 관련 계약, 제품 보증 등)
- 인사 및 노무(보상체계, 근로계약, 노조 등)
- 소송 등 분쟁 현황
- 인허가 및 규제 준수 여부
- 독과점 이슈 준수 여부
- 외국법에 대한 노출 사항

상기의 사항은 몇 가지 대표적인 실사 분야에서 검토해야 할 일반적인 사항을 예로 든 것뿐이며, 실사 체크 리스트는 대상기업의 특성과 거래 상황에 맞추어 구체적으로 작성되어야 한다.

실사팀의 구성

실사의 범위는 매우 광범위하고 분야별로 세분화되므로 각 실사 분야별로 팀을 꾸리는 것이 효율적이다.

기업 내부에 상시 전담인력이 충분하지 않은 경우가 대부분이므로 M&A 거래에서는 통상 컨설팅펌, 회계자문사, 법률자문사 등 외부자문사를 이용하여 업무를 진행한다.

소규모 거래에서는 투자자 내부 인력으로 구성된 태스크포스팀이 실사를 직접 담당하고 별도의 외부자문사를 선정하지 않는 경우도 있지만, 일반적으로 투자자 내부 인력만으로는 광범위한 분야를 대상으로 실사를 진행하기에는 비효율적인 경우가 많으므로 회계, 세무, 법률 등 전문영역에 대하여는 자문사를 이용하게 된다.

실사 업무 수행 주체와 일반적인 실사 범주 예시

수행 주체	주요 실사 범주
투자자	전략, 영업, 인사, 재무, 자산, IT, 환경 등
컨설팅펌	전략, 산업 전망, 경쟁 현황, 시장조사, 마케팅, Operation, HR 등
회계자문사	재무사항, 세무사항, 기타 재무 관련 IT사항 등
법률자문사	기업의 조직, 지식재산권, 자산, 계약관계, 노무, 규제, 환경, 독과점 이슈 등

거래 초기 단계에는 주로 투자자가 직접 대상기업에 대한 검토 작업을 수행하게 되며, 거래가 진행되면서 컨설팅펌, 회계자문사, 법률자문사 등 실사팀을 구성하게 된다. 각 분야별로 자문사를 동시에 한꺼번에 선정하여 진행하는 경우도 있으며, 거래가 진행되면서 진행 단계별로 대상기업의 정보공개 수준에 따라 필요한 자문사를 선정하기도 한다.

일반적으로 투자자와 컨설팅펌은 예비제안 전 단계부터 참여하게 된다. 특히 투자자가 잘 알지 못하는 신규 사업 분야에 대한 M&A를 검토하는 경우에는 거래 초기 단계부터 컨설팅펌을 참여시켜 해당 산업에 대해 조사하는 것이 효율적이다. 사모펀드와 같은 재무적 투자자는 아무래도 전략적 투자자에 비하여 산업에 대한 정보 확보가 제한적일 수 있으므로 초기 검토 단계부터 전략 컨설팅펌을 이용하는 경우가 많다.

회계자문사와 법률자문사는 실사가 가능한 수준의 유의미한 정보가 제공되는 시점부터 실사 업무에 참여하게 된다. 실사 정보는 주로 텀시트 체결 직후부터 본격적으로 제공되므로 이들 자문사는 주로 텀시트 단계 이후에 참여하게 되는 경우가 많다.

실사의 관리

실사의 범위는 상당히 광범위하며 여러 자문사가 함께 참여하여 수행하기 때문에 실사팀 전체를 총괄하는 책임자(PM, Project Manager)의 역할이 매우 중요하다.

실사팀을 총괄하는 책임자는 각 분야의 실사팀을 조율하고 실사팀의 커뮤니케이션 채널 역할을 담당한다.

실사 총괄책임자는 각 분야의 실사 결과가 필요한 시기에 취합되고 공유될 수 있도록 관리해야 한다. 실사 총괄책임자는 각 실사 분야별로 진행 사항을 수시로 체크하고 이슈의 여부를 파악하여 실사 진행을 조율해야 하기 때문이다. 만약 실사에서 중요한 특이사항이나 이슈 사항이 발견된 경우에는 실사팀을 추가적으로 투입하거나 기간을 연장하는 등의 조정이 필요할 수 있다.

실사 과정에서 중요한 이슈사항이 뒤늦게 발견되거나 적시에 보고되지 못하게 되면 거래 절차나 일정 계획에 큰 혼선을 가져올 수 있기 때문에 실사팀 간의 진행 상황의 공유를 위해서 실사 기간 중에는 일일보고 또는 중간보고 등을 가지는 것이 효율적이다.

실사의 결과물은 딜 전체 진행 과정에서 거래 당사자의 거래조건 협상을 지원하게 되며, 거래 이후에는 인수 후 통합 작업의 근간이 되므로 실사 결과물 또한 적시에 취합되고 체계적으로 보관되어야 한다.

실사 결과물은 인수팀 실사보고서, 경영진 인터뷰 자료, 자문사의 실사보고서, 전문가 인터뷰 자료 등 다양한 형태로 존재한다. M&A 경험이 많은 투자자들은 실사 결과물을 데이터베이스화하여 딜 팀(Deal team) 구성원에게 공유하고 거래조건 협상 과정은 물론 거래 이후까지도 찾아보고 활용할 수 있도록 하는 경우가 많다.

어떠한 형태든 실사 결과물은 실사팀 구성원들이 신속하게 찾아볼 수 있도록 관리하는 것이 중요하다.

실사 시 유의사항

실사에는 큰 비용이 수반되며 제한된 시간 안에 이루어져야 하므로 사전에 철저히 계획하고 준비해야 한다. 거래 대상자 간에 합의된 실사 기간이 지나고 나면 정보에 대한 접근이 제한되므로 중요한 이슈사항을 놓치지 않으려면 실사 기간을 최대한 효율적으로 활용해야 한다.

중점 실사 항목과 핵심 질문을 사전에 설정하라

실사 기간을 효율적으로 사용하기 위해서는 선택과 집중이 필요하다. 투자자는 투자 전에 중점적으로 확인하고자 하는 분야를 미리 정하고 이 분야를 중심으로 실사 계획을 수립하고 실행해야 한다. 예를 들어 대상기업의 인력을 인수하는 것이 M&A의 주요 동기라면 인사 분야에 실사를 집중해야 할 것이며, 특허 등 지식재산권의 확보가 동기라면 지식재산권의 권리관계와 분쟁 가능성 존재 여부에 대하여 실사 역량을 집중할 필요가 있다.

실사에도 전략이 필요하다. 단지 사업실사, 재무실사, 법률실사 등 부문별로 실사를 수행했다고 해서 투자자가 파악하고자 하는 정보를 얻을 수 있는 것은 아니다. 많은 인원을 투입하고 여러 자문사를 고용하여 긴 시간 동안 실사를 하더라도 정작 투자자가 파악하고자 하는 주요 정보를 확보하지 못할 수 있다.

투자자는 중점 실사 항목과 실사로 파악하고자 하는 핵심 질문을 미리 설정하고 실사를 통해 이에 대한 답을 얻을 수 있도록 진행해야 한다.

예를 들면 '특정사업부의 수익성 개선이 가능한가?'라는 핵심 질문을 설정했다면 그 사업부의 구매 현황, 생산관리 프로세스 등을 살펴보고 답을 찾아야 하는 것이다. 실사를 마무리하였는데도 불구하고 투자자가 사전에 설정한 핵심 질문에 대한 답을 얻을 수 없다면 그 실사는 무의미해질 수 있다.

큰 부분에 집중하라

M&A의 성패를 좌우하는 이슈는 대부분 큰 고객, 큰 거래, 큰 계약 등에서 발생한다.

실사를 진행하다 보면 세부적인 실사 항목에 신경 쓰느라 정작 중요한 부분을 놓치는 경우가 있는데, 실사는 작은 부문보다는 기업의 큰 부분을 차지하는 부문에 집중할 필요가 있다.

사업실사의 경우 규모가 작은 거래처나 작은 규모의 영업계약을 검토하는 데 많은 시간과 인력을 투입하는 것보다는 규모가 큰 거래처나 큰 규모의 영업계약에 리스크는 없는지, 개선 가능한 사항이 있는지에 대하여 세밀하게 검토하는 것이 더욱 중요하다.

예를 들어 대상기업에 상위 Top 10 거래처가 해당 기업 매출액의 대부분을 차지하고 있다면, 매출액에서 비중이 작은 거래처에 대한 이슈보다는 상위 Top 10 거래처의 이탈 가능성이나 변동 가능성에 대해 집중적으로 검토하는 것이 효율적이다. 대상기업의 매출이 소수의 거래처에 집중되어 있는 경우 비중 있는 거래처가 이탈하거나 문제가 발생한다면 기업가치에 큰 영향을 미칠 수 있기 때문이다.

재무실사 측면에서도 자산총액이나 매출액에서 비교적 큰 비중을 차지하고 있는 항목에 대한 검토가 중요하다. 예를 들어, 자산총액의 대부분이 매출채권으로 구성되어 있다면, 상대적으로 매출채권의 실재성과 회수 가능성에 집중하는 것이 효과적이다. 다른 항목에 집중하느라 정작 매출채권 검토에 소홀했는데 사후 매출채권에서 큰 부실이 발견된다면 그 영향은 매우 클 수 있기 때문이다.

해외 사업장과 국외 거래에 유의하라

실사를 하다 보면 대상기업이 소재하고 있는 국가 또는 투자자가 소재하고 있는 국가에 실사가 집중되는 경향이 있다. 실사의 대상이 되는 기업과 실사를 수행하는 투자자는 아무래도 정보를 얻기 쉽고 익숙한 지역을 중심으로 실사를 진행하기 때문이다.

그러나 예상치 못한 위험은 정보가 많지 않았던 부분이나 잘 알지 못하는 부분에서 발생하기 마련이다. M&A 거래 이후 기업의 해외 사업장이나 국외 거래에서 예상치 못한 리스크가 발생하여 인수자가 곤욕을 치르는 경우를 종종 목격할 수 있다.

해외 사업장이나 국외 거래에서 분쟁이 발생할 경우에는 어느 국가의 법률을 적용하여 분쟁을 해결할 것인지부터 시작해서 매우 다양하고 복잡한 이슈가 존재하며, 분쟁을 해결하는 데에도 상당한 시간이 소요된다. 따라서 기업에 해외 사업장이 존재하거나 다수의 국외 거래가 있는 경우에는 해당 부문의 실사에 좀 더 주의를 기울일 필요가 있다.

과거 수제햄버거 프랜차이즈 사업을 하던 크라제버거는 2014년에 나우IB12호 펀드에 매각되었는데 매각된 지 1년 반 만에 다시 회생

절차가 진행되었다. 사유는 미국 마스터프랜차이즈 업체가 제기한 약 3,000만 달러 규모의 손해배상 소송과 관련된 것으로 알려진 바 있다.

외부에 지출한 자문료에 주의하자

실사 과정에서 잠재적인 우발 위험을 파악하는 것은 쉽지 않다. 회계실사나 법률실사를 진행하더라도 주로 이미 불거진 클레임, 소송 등에 대한 검토를 중심으로 이루어지는 경우가 많기 때문이다.

기업은 분쟁이나 클레임 등 이슈가 발생하거나 잠재적인 위험이 존재할 때 주로 법률자문사 등 외부 기관에 자문을 구하곤 하는데, 투자자는 실사 과정에서 기업이 외부 자문사 등에 지출한 자문료나 수수료의 내역을 검토해 보는 방법으로 잠재적 우발 위험을 발견할 수 있다. 환경이나 노무 관련 컨설팅 회사에 지출된 수수료 등에 대한 원인을 파악하는 과정에서 대상기업의 잠재된 리스크를 발견할 수도 있다.

기업들은 대부분 큰 분쟁이나 소송이 현실화되기 전 대응 방안에 대하여 사전 검토하는 경우가 많으므로 투자자는 이와 같은 방법을 통해 기업의 우발 상황을 파악해 볼 기회를 가질 수 있을 것이다. 투자자 입장에서는 관련 정보가 제공되지 않은 경우 우발 위험 자체를 파악하기 쉽지 않으므로 이러한 절차를 통해 최대한 관련 리스크가 있는지 파악해 보는 것이 바람직하다.

현장에 답이 있다

실사에서 대상기업을 직접 방문해 보는 것은 매우 중요하다. 거래 비밀유지 등의 차원에서 대상기업을 방문하지 않고 제3의 장소에서 사전 협상이나 실사가 이루어져 실사 기간 중에도 대상기업을 방문할 기회를 얻지 못하는 경우가 있다.

대상기업을 잠깐 방문해 본다고 해서 기업의 중요한 이슈나 리스크를 파악할 수 있는 것은 아니지만, 대상기업의 사무실이나 공장에서 느껴지는 분위기는 직접 방문해 보지 않고는 알 수 없다.

대상기업의 현장에서 느껴지는 분위기는 거래에 생각보다 중요한 영향을 미친다. 투자자가 자료상으로는 매력적이라고 생각되지 않았는데 현장 방문을 통해 긍정적인 느낌을 갖게 되기도 하며, 반대로 대상기업이 자료상으로는 매우 매력적인 기업으로 보였으나 막상 방문하고 난 후 생각했던 느낌과 다르다는 이유로 그 거래의 검토를 중단하기도 한다.

특히 대상기업이 공장 등 현장시설을 기반으로 한 사업을 하는 경우 이러한 현장시설에 방문하는 과정은 실사에 있어서 빠트리지 말아야 할 부분이다. 투자자는 현장 방문을 통하여 공장의 레이아웃(Lay-out), 설비의 노후화 정도, 가동 여부, 임직원의 근로 환경 등을 살펴볼 기회를 갖는다. 이러한 정보는 현장을 방문하지 않고 자료만으로 파악하는 데에는 한계가 있다.

실사기준일 이후 변동사항을 체크하라

기업은 멈추어 있는 것이 아니라 시시각각 변화하며 하루도 같은 날이 없다. 어떤 날은 큰 이익을 가져오는 중요한 계약이 체결되기도 하고 어떤 날은 큰 손실을 초래하는 소송이 제기되기도 한다.

따라서 특정 기준 시점을 정하지 않으면 기업의 상태를 확정지을 수 없기 때문에 실사는 특정일을 기준일로 정하여 진행한다. 이러한 실사의 기준 시점을 통상 실사기준일이라고 한다. 재무 정보를 포함한 대부분의 기업정보는 월말이나 분기 말로 정리되는 경우가 많으므로 실사기준일 역시 거의 그 시점으로 정하는 경우가 대부분이다.

실사기준일은 실사를 수행하는 시점에서 바라보면 과거 시점이 될 수밖에 없기 때문에 아무리 실사를 철저하게 수행했다고 하더라도 이후에 중요한 변동사항이 발생한다면 실사 결과가 크게 달라질 수 있다.

이러한 점 때문에 대부분의 M&A 계약에서는 '실사기준일 이후 거래계약 체결일 및 거래종결일 사이의 기간 동안 기업에 중대한 부정적 영향이 존재하지 않는다'라는 진술 및 보장사항을 포함하는 방법으로 실사기준일 이후 변동 리스크를 고려한다.

통상 거래계약 체결일부터 거래종결일까지는 M&A 계약에 별도로 확약사항을 규정하여 기업의 구체적인 행위를 제한하거나 매수인의 사전동의를 받도록 하는 등의 장치를 만들 수 있으나, 실사기준일부터 거래계약 체결일 사이의 기간에는 이러한 장치의 마련이 어렵고 기업

정보에 대한 접근이 제한적인 경우가 많다.

따라서 투자자는 실사기준일부터 계약 체결일 사이의 변동사항에 대해 더욱 주의를 기울여야 한다. 실사기준일 이후 기업에 중대한 부정적 변동사항이 생겼는데 만약 매수인이 이를 알지 못한 채 거래를 종결한다면 해당 리스크에 대한 해결은 거래종결일 이후 소송으로 다툴 수밖에 없기 때문이다.

실사와 가치평가의 연계

가치평가는 실사와 떼어놓고 생각할 수 없다. 기업실사는 가치평가의 근간을 이루는 동시에 가치평가의 검증 과정이기 때문이다.

앞에서 살펴본 바와 같이 가치평가는 상대가치 평가 방법이나 수익가치 평가 방법 등 여러 가지 방법을 적용할 수 있지만 어떠한 방법을 적용하든 기본적으로 기업의 재무 정보나 영업 정보를 기반으로 한다. 따라서 재무실사나 사업실사를 통해 확인하는 정보는 가치평가의 중요한 기초정보가 된다.

가치평가 과정에서 기업의 미래 손익과 현금흐름에 대한 재무추정을 하는데 이것은 기업 실사와 연계된다. 사업실사 과정에서 파악한 추가 투자 필요 항목, 재무실사를 통해 발견한 부실자산이나 우발채무 등은 가치평가에 고려되어야 하며, 투자자가 인수 후 통합 전략을 수립하고 세부 실행 방안을 계획하는 데에 중요한 기초정보로 활용된다.

기업 실사를 통해 파악하는 사항 중 가치평가에 주요하게 고려되어야 할 사항을 살펴보자.

산업 내 경쟁구도 파악

재무추정과 가치평가 작업에서 자주 범하는 오류 중에 대표적인 것은 막연히 과거가 반복될 것이라는 가정을 세우는 것이다.

예를 들어 최근 몇 년간의 시장점유율, 성장률, 원가율 등이 유지되거나 반복될 것이라는 가정은 기존의 경쟁 상황과 대상기업의 산업 내 포지션이 유지된다는 전제하에서 유효한 것인데 만약 산업 내 강력한 경쟁자가 출현하여 경쟁구도가 변한다면 그 가정은 더 이상 작동하지 않는다.

매도인은 어쩌면 강력한 경쟁자 출현 가능성이나 향후 경쟁구도의 변화 가능성을 우려하여 기업매각에 나섰을 수도 있다. 투자자는 거래처 탐방, 시장조사 등 사업실사 과정을 통해 경쟁 상황의 변화로 매출 성장세가 둔화될 가능성이 있는지, 매출처의 거래선 변경으로 매출이 급격히 감소할 가능성이 있는지 등을 면밀히 파악해야 한다.

투자자가 실사를 통해 산업 내 경쟁구도와 대상기업의 포지션이 변동할 가능성에 대한 정보를 파악했다면 가치평가에 이러한 정보를 반영해야 한다. 예를 들면, 강력한 경쟁자가 시장에 진출하는 상황을 알게 되었다면 재무추정 시 대상기업의 시장점유율에 대한 가정을 보수적으로 적용해야 할 것이다.

조정 후 상각전영업이익

실사와 가치평가 과정에서 대상기업의 조정 후 상각전영업이익(Normalized EBITDA)를 파악하는 것은 매우 중요한 작업이다.

EBITDA는 기업이 창출하는 현금흐름의 기준치가 되며 기업가치평가에서도 기준지표로 활용되는 경우가 많은데, 여기서 조정 후 상각전영업이익은 EBITDA에 포함된 비경상적 항목을 제거한 것이다.

대상기업의 재무제표에서 직관적으로 산출되는 EBITDA는 일시적인 비용이 반영되어 있을 때도 있고 일회성 이익이 반영된 때도 있는데, 이러한 비경상적인 효과를 제거한 것이 조정 후 상각전영업이익이다.

투자자는 조정 후 상각전영업이익을 산정해 봄으로써 가치평가에 노이즈를 제거할 수 있다. 투자자는 이를 통해 대상기업이 정상적인 영업활동으로 창출하는 현금흐름의 규모를 파악하고, 투자금액의 회수 기간이나 기업의 차입금 부담 능력을 가늠해 볼 수 있다.

비용절감 가능 항목

실사를 통해 비용절감 가능 항목을 파악한다면 이를 가치평가에 반영할 수 있다. 만약 거래 이후 명확히 감소되는 비용이 있다면 이러한 항목을 조정하여 가치평가에 반영해야 한다.

특히 외부 지분투자를 받은 적이 없는 개인기업(Private company)에서 이러한 비용절감 가능 항목이 다양하게 존재할 수 있다. 예를 들어 대상기업 경영진에게 매우 높은 수준의 인건비성 비용이 지급되고 있다면 투자자는 절감이 가능한 인건비 부분을 거래 이후 비용절감 가능 항목으로 파악할 것이다.

한편, 발견된 비용절감 가능 항목 중 장기계약이 체결되어 있는 지출 비용 등 단기적으로 절감하기 힘든 비용의 경우에는 절감 가능 시점을 별도로 파악하여 가치평가에 반영하는 것이 바람직하다.

생산능력과 가동률

대상기업의 가동률이 사실상 100%에 가까운 경우에는 재무추정이나 가치평가에 특히 유의할 필요가 있다. 기업의 가동률이 거의 최대 생산능력에 다다른 상황에서는 가까운 미래시점에 매출의 성장을 예상하기 어려울 수 있기 때문이다.

가동률이 이미 충분히 높은 상황에서 매출이 성장하려면 생산능력을 높이기 위한 시설투자를 하거나 외주처를 이용해야 하는데, 이러한 상황은 미래의 원가율이나 매출성장률이 과거와 달라질 수 있음을 의미한다.

대부분의 산업에서는 단기적으로 매출을 신장할 수 있는 최대 한계치가 존재한다. 예를 들면, 인터넷 기반의 정보산업의 경우 정보처리량에, 유통기업의 경우 유통매장의 수에 한계치가 존재하는 식이다.

가끔 대상기업의 현재 설비나 기술력으로는 단기적으로 도달할 수 없는 가동률을 가정하여 가치평가에 큰 오류가 발생하기도 하는데, 투자자는 대상기업의 최대 가동 능력을 간과해서는 안 된다.

투자자는 실사를 통해 대상기업의 최대 가동 능력과 가동률을 파악하고 기업의 생산능력을 증대시키려면 얼마의 투자가 필요한지, 외주 거래처를 이용한다면 원가율에 어느 정도의 영향을 미칠지에 대한 정보를 파악해야 하며 이 정보를 가치평가에 반영하여야 한다.

매각가능자산

매각가능자산을 처분하게 되면 영업현금흐름과는 별도의 현금 유입이 발생하므로 통상 매각가능자산은 가치평가에서 별도로 고려한다.

중요한 것은 해당 자산이 매각가능자산인지 아닌지를 가려내는 것인데, 이는 실사 작업을 통해 확인할 수 있다. 예를 들면, 대상기업이 보유하고 있는 다른 기업에 대한 지분증권이 매각가능자산인지 아니면 영업과 연계된 제휴기업의 지분이어서 사실상 매각이 제한된 자산인지 등에 대한 정보는 실사를 통해 알 수 있다.

기업이 보유하고 있는 자산 중 매각가능자산이 파악된다면, 그 자산을 얼마에 현금화할 수 있을지, 현금화하는 데까지 어느 정도 시간이 걸릴지를 파악하여 가치평가에 반영한다.

운전자본

운전자본(Working Capital)은 기업의 재무추정과 가치평가에 있어서 가장 중요한 부분 중 하나다. 실사를 통해 파악한 운전자본 회전율이나 회전기일 정보는 현금흐름 추정에 기초정보가 된다.

기업의 운전자본 소요 수준을 어떻게 판단하느냐에 따라 대상기업의 미래 현금흐름 추정과 가치평가 결과가 크게 달라지므로 투자자는 실사 과정에서 파악한 운전자본에 대한 정보를 가치평가에 고려해야 한다.

기업의 운전자본 규모가 산업 평균 대비 큰 경우에는 매출채권 및 재고자산 등 자산에 부실자산이 포함되어 있어 운전자본의 비중이 상대적으로 큰 것인지, 아니면 대상기업의 운전자본 정책이 동종 기업과 비교했을 때 비효율적인 것인지 등의 정보를 파악해야 한다.

기업의 운전자본 규모가 산업 평균 대비 작은 경우에는 특정 거래처와의 특별한 계약 조건에 기인한 것인지, 일시적인 매입대금 지급 지연 또는 매출대금의 조기 회수가 발생하였는지 등 해당 원인을 알아 볼 필요가 있다.

우발채무

기업실사를 통하여 우발채무를 발견했다면 이 사항을 기업 가치평가에 고려해야 한다. 예를 들어 재무실사 결과 세무 리스크 또는 정부 기관 과징금 리스크 등 우발채무 금액이 발견되었다면 가치평가에서 해당 채무금액을 직접 차감할 것을 고려할 수 있다.

우발채무 금액은 기업가치에 직접적인 영향을 미치므로 실사 과정에서 우발채무가 발견되었다면 매수인과 매도인의 거래조건 협상에서 주요한 논의 대상이 된다.

만약 우발채무의 현실화 가능성에 대하여 거래 당사자 간에 시각 차이가 있으면 거래계약에 지불이연금 또는 에스크로 계좌 등 조건부 지불 방법의 도입을 고려하기도 한다.

법률, 규제 등의 변화

법률실사 관련 사항 중에 가치평가에 영향을 주는 사항이 있다면 이 또한 가치평가에 반영해야 한다. 예를 들면 노무 관련 제도의 변경이나 환경 관련 규제나 법규의 변경은 가치평가에 큰 영향을 미칠 수 있다.

기업의 영업활동에 영향을 주는 법령 개정이나 규제 변화가 예정되어 있는 경우에는 해당 사항이 기업의 영업활동에 어떠한 영향을 미칠지 파악해야 한다.

이러한 규제 변화의 로드맵이 나와 있는 상황이라면 평가 시점에 파악 가능한 정보를 기반으로 최대한 가치평가에 반영하여야 한다. 예를 들면 유통기업의 점포 수 제한이나 영업일수 제한 등의 규제는 기업가치에 큰 영향을 줄 수 있기 때문에 반드시 가치평가에 반영해야 하는 것이다.

PMI는 실사에서부터 시작한다

인수 후 통합(PMI)은 M&A 거래 후의 통합작업을 의미하지만, 성공적인 PMI를 위해서는 거래가 종결되기 전에 작업을 시작해야 한다.

2018년 글로벌 회계법인 PwC가 발표한 〈기업 M&A를 통한 가치 창출 보고서〉에 따르면 인수합병 시작 이전부터 구체적인 전략을 수립한 경우 동종산업 내 타기업보다 14%가량 더 좋은 성과를 내는 것으로 나타난 바 있다. 어찌 보면 당연한 결과이지만, M&A 준비 단계부터 구체적인 PMI 실행 계획을 수립하여 실행했을 때 더 좋은 성과를 거두는 것이다.

성공적인 M&A를 위해 PMI 작업은 인수 검토 시점부터 고려되어야 하며, 실사 시에는 PMI 준비를 착수하여 거래종결 즉시 실행될 수 있도록 하는 것이 좋다. 사실상 PMI 작업은 실사 과정에서 시작해야 하는 것이다.

성공적인 PMI 작업을 위해서 실사 시점부터 알아야 할 주요 사항을 살펴보자.

인력구조, 직급체계, 보상체계

PMI에 있어서 인사 문제는 가장 중요하게 취급되는 항목 중 하나다. 기업은 결국 사람에 의해 움직이고 변화하기 때문이다. 기업의 인력구조, 직급체계, 급여 수준 등에 대한 파악은 PMI의 계획과 실행의 기반이 된다.

투자자는 실사를 통해 인사 적체가 심한지, 노령화된 인원이 많은지, 또는 경험이 부족한 인원의 비중이 높은지 등 인력구조에 대한 정보를 수집할 수 있다. 투자자는 실사 과정에서 파악한 인력구조 정보를 기반으로 인수 직후 직급조정 인사발표, 경력직 영입, 신입사원 채용 등의 PMI 작업을 효과적으로 진행할 수 있다.

특히 직급체계와 급여 수준에 대한 파악은 매우 중요하다. 인수기업과 피인수기업 사이의 직급체계나 급여 수준의 차이 때문에 인수 직후 인건비가 크게 상승하거나 인력 이탈이 발생하는 경우가 많기 때문이다.

예를 들면 동일 직급, 동일 연차 수준의 직원이 인수기업에서는 높은 직급에 높은 연봉을 받고 있지만 대상기업에서 낮은 직급에 낮은 연봉을 받고 있다면 인건비를 조정하여야 하는 상황이 발생할 수 있으며, 만약 적절한 PMI 작업이 이뤄지지 않을 경우 인수 직후 대상기업의 인력이 이탈하는 원인이 되기도 한다.

인사 관련 정보에 대한 파악은 특히 인수기업과 대상기업이 동일한 산업인 경우에 더욱 중요하다. 동종업계 내에서의 직급이나 보상체계의 차이는 임직원들에게 더욱 민감하게 받아들여질 수 있기 때문이다.

매각가능자산

대상기업에 유휴자산 또는 비영업자산이 존재하는 경우 인수자는 이러한 자산을 매각하여 현금화할 것인지, 매각한다면 어느 시기가 적합한지에 대하여 미리 고려해야 한다.

투자자는 실사 시 매각가능자산을 처분할 경우 예상되는 매각가격, 매각까지 소요되는 시간과 비용, 향후 가치가 상승할 가능성이 있는지 여부 등을 파악할 수 있으며 이러한 정보를 통하여 인수 직후 해당 자산에 대한 활용 전략과 방안을 결정할 수 있다.

예를 들면, 대상기업이 직접 사용하지 않는 임대용 건물을 임대수익의 현황, 건물의 활용 방안, 향후 개발 호재 여부 등을 파악하여 검토 결과에 따라 인수 직후 바로 매각하여 현금화할 것인지 아니면 인수기업이 건물을 직접 사용할 것인지 등에 대한 의사결정을 할 수 있을 것이다.

비용절감 사항

    기업에 비용을 절감할 수 있는 요소가 존재하는지 아닌지는 실사에서 파악해야 할 중요한 정보 중 하나이다. 투자자는 이러한 정보를 기반으로 시너지 추구를 위한 구체적인 PMI 전략을 수립한다.

    실사를 통해 대상기업이 산업 내 유사회사와 비교해 불필요한 지출이 있는지의 여부를 알아 볼 수 있으며 이를 개선시킬 수 있는 절차나 방법에 대하여 미리 고려할 수 있다. 예를 들면, 기업이 구매거래처를 수의계약을 통해 선정하는 정책을 쓰고 있다면 인수 후 입찰 프로세스를 도입하여 원가절감을 추구하는 전략을 계획할 수 있다.

    최근 M&A 거래에서는 실사 단계부터 이러한 비용절감 항목을 찾고 그 개선 방안까지 전문적으로 컨설팅하는 회사를 자문사로 고용하는 사례가 증가하고 있다. 특히 단기간 내의 수익 개선이나 자본이득을 추구하는 사모펀드 등에서 이러한 사례를 많이 찾아볼 수 있다.

운전자본

    대상기업의 운전자본 수준과 정책은 기업의 현금흐름과 자금운용에 중요한 영향을 미치며, 결과적으로 기업가치에 영향을 미친다.

    투자자는 실사 과정에서 대상기업의 운전자본 정책을 변경하여 현금흐름을 개선할 수 있는지 파악해야 한다. 대상기업의 매출채권의 회수기일이 산업 평균 대비 너무 길지 않은지, 매입대금 지급기일은 너무 짧지 않은지, 재고자산 회전기일이 너무 길지 않은지 등에 대한 정보를 미리 수집하고 인수 이후 운전자본 정책을 변경하여 자금 운영의 효율성을 도모할 수 있을 것이다.

운전자본 정책의 수립은 효율적인 자금운영 관점에서 매우 중요하다. 인수기업은 매출채권 회수를 빠르게 하고 재고자산 보유 수준은 낮추는 운전자본 정책을 실행하여 현금흐름을 개선할 수 있으며, 이것은 인수 후 기업가치를 높이는 것으로 연결된다.

인수 후 통합작업은 매우 광범위한 분야에 걸쳐 진행되므로 위에서 언급한 사항은 극히 일부분이다.

중요한 점은 투자자는 실사 시점부터 PMI 작업을 시작해야 한다는 것이다. 인수완료 직후 즉각적으로 PMI 작업을 실행하려면 거래종결 이전에 준비가 끝나 있어야 하며, 이러한 준비는 실사 과정을 통해 이루어진다. 즉, 실사 시점부터 시작되는 PMI 작업이 M&A 성공의 밑거름이 되는 것이다.

The Art of M&A Deal | **M&A 거래의 기술**

4

CHAPTER

一

협상과 거래

一

M&A 거래의 문서

M&A는 문서로 시작해서 문서로 끝난다고 해도 과언이 아니다. M&A 거래 과정에서 거래 당사자들은 많은 문서를 작성하고 서명한다. 이러한 문서들은 거래의 시작부터 종결까지 매도인과 매수인의 행동을 규율하며 권리와 의무를 규정한다.

따라서 M&A를 성공적으로 진행하기 위해서는 거래 진행 과정에서 작성되는 다양한 문서에 대한 이해가 필수적이다. M&A 거래 과정에서 작성되는 대표적인 문서의 의미와 주요 내용을 살펴보자.

비밀유지확약서

　M&A는 비밀유지확약서를 작성하고 매도인이 투자자에게 대상기업의 정보를 제공하면서 본격적으로 시작된다.

　거래 초기에 대상기업과 매도인은 기업의 내부 비밀정보가 외부에 유출될 가능성, 그리고 거래에 대한 논의 진행 사실이 외부에 공개될 가능성에 대한 우려 때문에 거래를 시작하고 정보를 제공하는 것에 민감하다. 매도인뿐 아니라 투자자 측면에서도 거래 논의 진행사항이 외부에 공개되는 것을 원치 않는 경우가 대부분이다. 대상기업의 정보를 투자자에게 제공하는 것은 M&A에 있어서 필수적인데, 대상기업의 비밀정보와 거래 진행 사실이 외부에 공개되는 것을 막고 비밀로 유지할 것을 거래 당사자 간 약정하기 위해 비밀유지확약서가 작성된다.

　비밀유지확약서는 말 그대로 비밀정보를 외부에 유출하지 않겠다는 약정이며 일반적으로 다음와 같은 내용을 포함한다.

　－ 비밀정보의 정의
　－ 비밀정보를 서래의 김도민을 위헤 한정하여 사용하겠다는 확약
　－ 확약을 위반할 경우 관련 손해를 배상하겠다는 뜻
　－ 확약서의 효력 기간

　비밀유지확약서는 주로 CA(Confidential Agreement) 또는 NDA(Non-Disclosure Agreement)라고 명칭되며 매도인이 대상기업의 정보를 제공하

기 전에 협의되고 체결된다.

보통 거래 당사자 양방이 모두 서명하지만, 공개 경쟁입찰 거래 등 매도인이 주도하는 거래에서는 투자자 측만 서명하기도 한다.

텀시트

매수인과 매도인은 법적으로 구속력 있는 본계약(DA)을 하기 전 거래의 전체적인 개요와 거래조건에 대한 이해를 일치시키기 위한 문서를 작성하고 서명하는 것이 일반적이다.

이러한 문서는 LOI, MOU, Indicative offer 등 다양한 명칭이 사용되는데, 이들 문서는 기본적으로 거래 당사자 간에 주요 거래조건과 본계약에 대한 사전적인 합의사항을 규정한다. 텀시트는 대부분 법적으로 구속력이 없는 형태로 체결되나, 워크아웃 기업이나 회생기업의 M&A에서는 안정적 매각 절차를 추구하기 위해 법적 구속력이 있는 형태로 체결되기도 한다.

이러한 문서에는 거래 당사자 간 예비적으로 합의한 거래의 주요 조건(Terms and conditions)을 기술하게 되는데 주로 다음와 같은 내용이 담긴다.

- 거래의 대상(목적물)
- 거래 방법

- 거래가격

- 배타적 협상권(Exclusivity)

- 실사 범위, 기간 등 실사 관련사항

- 거래종결의 조건

- 문서의 유효 기간

- 비밀 유지 의무

- 거래비용의 각자 부담

- 준거법 등 기타 사항

상기 사항 이외에도 거래의 특성에 따라 거래 당사자 간 합의 또는 이해가 필요한 사항을 규정할 수 있으며 경영진 인센티브나 고용 승계 등의 특수한 내용을 담기도 한다.

본계약 체결 전에 구속력 없는 이러한 문서의 체결이 반드시 필요한 것은 아니지만, 거래를 본격적으로 진행하기에 앞서 거래에 대한 상호 이해를 확인하는 차원에서 문서를 작성하는 것이 일반적이다.

이러한 문서를 체결힐지 여부와 내용이나 형식은 거래의 성격에 따라 달라진다. 우호적인 M&A 거래 상황에서는 이러한 문서 작성 없이 실사와 본계약 협상을 바로 진행하기도 한다.

본계약서

거래와 관한 최종적인 계약으로서 거래대상, 거래대금, 거래종결을 위한 선행요건 등 거래를 최종적으로 종결하기 위한 모든 조건을 기술한 계약서이다. 주식매매거래의 경우 통상 SPA(Shares Purchase Agreement)라고 지칭되며, 주식매매거래뿐 아니라 영업양수도나 유상증자 형태의 거래구조까지 포괄하는 개념에서는 DA(Definitive Agreement)라는 명칭으로 널리 쓰인다.

앞에서 언급한 텀시트 등의 문서가 통상 법적으로 구속력이 없지만 본계약은 법적으로 구속력이 있으며 본계약서에는 주로 다음와 같은 사항을 규정한다.

- 거래 당사자
- 거래대상
- 거래대금 및 지급 스케줄
- 거래종결일 및 거래종결일 이행사항
- 거래종결을 위한 선행요건
- 진술 및 보증(정보의 기술과, 기술된 것이 사실이라는 것의 확약)
- 계약일부터 거래종결일까지의 확약사항
- 계약해제에 관한 내용
- 손해배상
- 기타 공개목록 등 첨부 서류

상기 사항들 이외에도 본계약에는 비밀 유지, 준거법, 관할법원 등 다양한 사항을 다루게 되며 거래 규모가 크고 복잡할수록 광범위하고 다양한 사항을 다룬다. 큰 규모의 거래에서는 진술 및 보장사항 공개목록 등을 포함하면 계약서가 수십 페이지를 훌쩍 넘어가는 경우가 많다.

M&A 본계약

> 미래를 가장 잘 대비하려면
> 현재에 주의를 기울이고 마지막까지 의무를 다해야 한다.
>
> ─ G. 맥도날드 ─

M&A에서 가장 중요한 절차는 본계약이다. 이 단계에서 매수인과 매도인은 최종적인 거래조건을 확정하고 규정한다.

M&A 본계약은 거래방식에 따라 주식매매 계약이 될 수도 있고, 유상증자 계약이나, 영업양수도 계약이 될 수도 있다. 거래의 방식이나 계약의 명칭이 어떻든 대상기업의 경영권을 이전하는 구속력 있는 최종 계약이 M&A 본계약이다.

본계약은 일반적으로 최종적인 계약이라는 의미에서 DA(Definitive Agreement)라고 하며, 주식매매거래 방식으로 경영권이 이전되는 경우가 많으므로 통상 SPA(Shares Purchase Agreement)라고 지칭된다.

M&A에서 최초의 거래 제안부터 실사 및 협상 과정은 결국 본계약을 하기 위한 사전 작업일 뿐이며, 거래와 관련한 모든 거래조건과 거래 당사자의 권리와 의무는 M&A 본계약에 집대성되어 규정된다.

본계약에서 다루는 사항은 매우 방대하며 거래마다 다르지만, 규정되는 주요 항목을 살펴보면 다음과 같다.

용어의 정의

본계약에 사용되는 기본적인 용어에 대하여 정의를 명확히 하는 것이다. 계약에서 반복적으로 사용되는 용어에 대하여 당사자 간 이해가 다르다면 계약에 규정된 사항에 대하여 분쟁이 있을 경우 해결이 어려우므로 용어의 정의를 분명히 한다.

특히 거래 당사자가 누구인지 정확히 정의하여야 하며, 거래 당사자가 다수인 경우에는 거래 이행의 책임이 누구에게 있는가를 명확히 할 필요가 있다.

거래대상, 거래대금 및 지급 스케줄

거래대상에 대하여 규정하고 매매가격과 거래대금, 지급 방법 및 스케줄을 정한다.

거래대상은 주식매매 계약에서는 대상기업이 발행한 주식이 되며, 영업양수도 계약에서는 특정 사업부와 관련된 자산 및 부채가 된다. 매매가격과 거래대금은 주식 1주당 얼마의 가격으로 거래할 것인지, 총 거래대금은 얼마로 할 것인지를 규정한다.

거래대금의 지급 방법과 스케줄은 계약금, 중도금, 잔금 등으로 세분화할 수 있으며, 거래 상황에 맞게 거래 당사자가 합의하여 규정한다. 일반적으로 지급 스케줄은 1~3회 사이로 정하는데, 상황에 따라 4회 이상으로 정하기도 한다.

거래종결일과 거래종결일 이행사항

거래종결일은 거래종결의 선행요건이 모두 충족된 것을 전제로 특정일자로 정할 수 있으며, 특정일을 지정하지 않고 거래종결의 선행요건 충족일을 기준으로 특정한 시기(선행요건 충족일 이후 3영업일이 되는 날 등)를 지정하기도 한다.

거래종결일의 이행사항으로 매수인은 거래대금을 지급하고, 매도인은 거래대상자산의 소유권을 표창하는 주권을 제공하는 등 거래종결일에 거래 당사자가 이행할 사항을 규정한다. 또한 거래종결과 관련하여 거래종결의 장소, 기존 이사의 사임, 신규 이사 선임을 위한 사항등을 포함한다.

거래종결을 위한 선행요건

거래종결을 위한 선행요건(Conditions Precedent)이란 거래를 종결하기 위해 거래종결일 이전에 선결되어야 할 조건들을 의미한다. 즉, 거래 당사자가 거래종결일에 잔금을 지불하고 경영권을 이전하는 등 거래종결 의무를 이행하기 이전에 거래 상대방이 미리 충족시켜야 할 조건들을 규정하는 것이다.

매수인과 매도인 측면에서 각각 거래종결 의무 이행의 선행조건을 규정하며 일반적으로 거래 상대방의 진술 및 보증이 정확하고 사실과 일치할 것, 이사회 승인 등 거래 당시지의 내부적인 승인과 기업결합승인 등 외부적인 승인 또는 허가 등을 규정한다.

거래의 상황에 따라 특정 계약의 체결이나 해지 등 특별한 조건 충족을 거래종결의 선행요건으로 규정하는 경우도 있다.

거래종결의 선행요건은 거래 당사자의 의무라기보다는 거래종결의 전제조건이 된다는 점에서 후술하는 확약사항과는 성격이 다르다. 즉,

거래종결의 선행요건이 충족되지 않으면 거래 당사자는 거래를 종결할 의무가 없는 것이다.

진술 및 보증

진술 및 보증(Representaions & Warranties)은 거래 당사자 상호 간에 거래와 관련한 주요한 사항에 대한 정보를 기술하고 이것이 사실이라는 보증을 하는 것이다. 즉, 진술 및 보증은 계약 체결의 전제가 된 사항을 각 거래 당사자가 계약서에 기술하고 보증하는 것이다.

매도인은 거래대상에 대한 소유권과 법률상 권한이 있다는 등의 다양하고 광범위한 여러 가지 사항들을 진술하고 보증한다. 매도인은 거래대상 기업에 대한 진술 및 보증을 통해 대상기업이 적법하게 설립되고 존속되고 있다는 사실, 위반사항의 부존재, 재무제표의 적정한 작성, 중대한 변경의 부존재, 인허가의 적법한 보유, 법률 준수, 자산 소유권과 사용권의 온전한 권한, 계약의 적법성, 소송, 지식재산권, 근로관계, 조세, 보험, 환경 등 다양한 사항에 대하여 진술하고 그 사항이 사실이라는 점을 보증한다.

매수인 측면에서는 거래계약을 체결하고 이행할 수 있는 법률상의 자격과 권한을 가지고 있다는 사항을 진술 및 보증 사항으로 규정한다. 본계약에서 매수인의 진술 및 보증 사항보다는 매도인 측면의 진술 및 보증 사항이 다양하고 복잡한 것이 일반적이다.

진술 및 보증은 거래가 종결된 이후 손해배상 청구 등 분쟁이 있는 경우 중요한 근거가 되므로 M&A 본계약 협상에서 가장 중요하게 다뤄지는 항목 중 하나이다. 예를 들어 매도인이 대상기업의 세무사항과 관련하여 우발채무가 없다는 것을 진술하고 보증하였는데 거래종결일 이후 세무조사 등으로 계약일 이전의 세무사항 때문에 대상기업에 거액의 손실이 발생했다면 이는 매수인의 손해배상청구의 근거가 된다.

따라서 본계약 협상에 있어서 매수인은 매도인에게 광범위한 진술 및 보증사항을 요구하려고 하며, 매도인은 가급적 이러한 사항을 최소화하려는 유인을 가진다.

한편 본계약 이전에 매수인에게 공개된 사항으로서 이미 거래가격 등 거래조건에 고려된 사항에 대하여는 거래 당사자 간 해당 사항을 별도의 공개목록으로 정리한다. 공개목록을 제외한 것에 대해 진술 및 보증 사항을 규정하게 되는데, 규모가 큰 거래라면 이러한 공개목록만 수십여 개 항목이 되기도 한다.

확약사항

계약 체결일부터 거래종결일까지 사이의 거래 당사자 상호 간에 확약사항(Covenants)을 규정한다.

매도인은 대상기업이 특이사항 없이 통상적인 영업 과정에 따라 운영될 것 등을 확약하며 일반적으로 주요 자산을 매각하는 행위, 배당을 지급하는 행위, 임직원 보상체계의 변경 행위 등을 하지 않을 것을 규정한다.

매수인 측면에서는 독과점법과 관련한 신고 등의 외부 승인과 주주총회 및 이사회 등의 내부 승인과 같은 거래 절차를 이행하기 위한 승인 또는 허가를 신속히 진행할 것 등을 확약한다.

진술 및 보증은 거래 당사자나 대상기업의 특정 시점의 상태를 규정하게 되나, 확약사항은 일반적으로 계약 체결일부터 거래종결일 사이의 행위와 이를 위반했을 경우에 대한 처리를 규정한다는 점에서 차이가 있다. 거래종결일 이후의 확약사항에 대하여 규정하기도 하는데, 대표적인 것으로 매도인 측면에서는 경업금지 확약사항이 있으며, 매수인 측면에서는 확약사항으로 종업원 고용보장 사항을 포함하기도 한다.

확약사항을 위반한다면 손해배상의무가 발생되는 경우가 대부분이며 거래종결의 선행조건이 불충족되기도 한다.

계약해제

계약해제 사유를 정하고 해당 사유가 발생한 경우 계약을 해제할 수 있다는 내용을 규정한다.

대표적인 계약해제 사유로는 거래가 특정 기간까지 종결되지 않을 경우, 관계기관의 허가나 승인을 얻지 못하는 경우, 대상기업에 중대한 변동이 발생하는 경우, 진술 및 보증사항의 위반이나 계약에서 정한 확약 및 의무를 위반하는 경우 등을 들 수 있다.

계약해제 조항에는 계약해제 시 귀책 사유가 누구에게 있는지에 따른 당사자별 위약벌 사항과 계약해제 시 거래 당사자가 사용한 비용 정산에 대한 사항을 규정한다. 이러한 위약벌과 비용 정산은 거래 당사자 간에 합의하여 정하면 되는데, 보통 위약벌은 거래에서 정한 계약금 상당액으로 하는 경우가 많고, 비용과 관련하여서는 실손해액을 배상하도록 규정하는 경우가 많다.

손해배상

손해배상(Indemnification) 조항에서는 손해배상의 대상, 손해배상의 한도 및 손해배상청구권의 기간을 다룬다.

손해배상 관련 규정은 진술 및 보증사항과 함께 본계약에서 가장 중요하게 다루어지는 부분으로 실무적으로 거래 당사자 간 첨예하게 협상하고 논의하는 부분이다.

① 손해배상의 대상

개별적 손해액이 특정금액 미만인 경우 손해배상 대상에서 제외하도록 규정(De Minimis)하거나, 손해액이 누적하여 특정금액을 초과하는 경우에 한하여 손해배상을 청구할 수 있도록 규정(Basket)함로써 작은 이슈 발생으로 인한 분쟁 상황을 방지한다.

② 손해배상금액의 한도

손해배상의 최대 한도(Cap)를 설정하는 것으로 특정 금액이나 거래대금의 일정 비율로 기재된다. 손해배상금액의 한도는 거래 상황 및 대상기업의 특성, 거래 당사자의 협상력에 따라 달라진다.

매수인은 손해배상금액의 한도를 크게 규정하고 싶어 하고 매도인은 손해배상 한도를 작게 규정하고 싶어 하므로 본계약 협상 시 첨예하게 대립하게 되는 항목이다. 손해배상금액의 한도는 매수인이 실사를 충분히 하지 못한 경우, 대상기업에 소송 등 우발채무 상황이 있는 경우에 상대적으로 크게 규정되는 경향이 있다.

③ 손해배상 기간

손해배상책임이 거래종결일 이후 언제까지 유지되는지에 대한 사항이다.

진술 및 보증 사항 전체에 동일한 손해배상 기간을 규정할 수도 있으나, 진술 및 보증 사항의 항목별로 기간을 달리하기도 한다. 예를 들면, 조세 관련 사항은 5년으로 하고 기타 사항은 1년으로 하는 등으로 다르게 규정하는 것이다. 매수인은 조세, 환경, 근로, 지식재산권 등 거래 당시 실사만으로 잠재적 위험을 파악하기 어려운 항목에 대하여 는 상대적으로 손해배상 기간을 길게 두려고 하는 경향이 있다.

여기서 유의하여야 할 점은 손해배상 관련 규정은 어디까지나 상대 방의 신용도가 어느 정도 있어야 의미가 있다는 점이다. 손해배상 규정 을 아무리 철저하게 정하더라도 정작 해당 사유 발생 시 거래 상대방이 손실을 보전할 능력이 없다면 사실상 효과가 없을 수도 있기 때문이다.

특히 매도인이 재무구조 개선이나 구조조정과 관련하여 대상기업을 매각하거나 매도인이 개인일 때에는 상대적으로 신용위험이 높을 수 있으므로 유의하여야 한다. 이러한 경우에는 손해배상 규정 외의 보완 장치를 마련할 필요가 있다.

대표적인 보완장치로 ① 실사 결과의 보수적인 해석과 거래대금 조정, ② 거래대금의 지불유예, ③ 에스크로 계정의 활용 등을 들 수 있다.

상기 항목들 외에도 본계약에서는 비밀 유지, 준거법, 관할법원 등 광범위하고 다양한 사항을 다룬다.

M&A 거래 이후 거래 당사자 간 다양한 분쟁이 발생할 수 있으므 로 본계약서는 정확하고 빠짐없이 작성되어야 하며 계약 상대방 사이 에 오해를 야기할 수 있는 분쟁의 구실은 남겨 놓지 않도록 해야 한다.

거래 리스크에 대한 고려 방법

> 모든 행위의 과정에는 위험이 도사리고 있다.
> 그러므로 신중하다는 것은 위험을 피하는 데 있는 게 아니라,
> 위험도를 판단하여 결단력 있게 행동하는 데 있다.
>
> — 마키아벨리 —

M&A 진행 과정에서 발견된 거래 리스크에 대한 대응 방법은 두 가지이다. 하나는 거래를 중단하고 포기(Walk away)하는 것이고, 다른 하나는 해당 리스크를 반영하여 거래조건을 설계하고 리스크에 상응하는 보상을 얻는 방법이다.

M&A 거래의 위험요소는 수없이 많다. 중요한 것은 그 위험요소가 관리할 수 있는 위험인지, 아니면 해결이 불가능한 위험인지를 구별하는 것이다. 발견된 리스크가 거래에 미치는 영향이 크고 해결이 불가능한 경우가 아니라면 거래 당사자는 해당 리스크를 고려하여 수정된 거래조건을 협의할 수 있다.

매수인이 리스크라고 판단하는 사항을 매도인은 리스크로 생각하지 않기도 하며, 대상기업의 사업 전망에 대하여 매수인과 매도인 간 큰 시각 차이가 존재하는 경우도 있다. 이렇게 매도인과 매수인이 판단하는 기업가치에 차이가 존재하고 이것이 특정한 조건 충족에 따라 결정되는 때에는 거래대금의 조건부 지급을 거래조건에 도입할 수 있다.

거래대금의 조건부 지급 방법으로 대표적인 것은 에스크로 계좌, 지불이연금 및 언아웃이다.

에스크로 계좌

매수인이 에스크로 계좌(Escrow account)에 거래대금의 일부를 예치하고 특정조건을 충족했을 때 해당 금액을 매도인에게 지급하는 방법이다. 에스크로(Escrow)는 본래 법률적인 용어로 '조건부 양도 증서'를 의미하는데, M&A 거래에서 자주 활용된다.

매수인이 특정 거래처와의 납품 계약, 특정 제품의 출시 등 대상기업의 예정된 이벤트에 대하여 불확실성이 있다고 판단한다면, 매수인은 해당 조건 충족 여부에 따른 가치 변동 해당 금액만큼을 에스크로 계좌에 예치한 후 해당 조건 충족 후 에스크로 계좌에 예치된 거래금액을 지급하는 것으로 거래조건을 설계할 수 있다.

세금, 소송 등과 관련한 우발채무에 대한 이견이 존재하는 경우에도 해당 우발채무 예상금액을 에스크로 계좌에 예치한 후 우발채무에 대한 결과가 나오는 시점에 거래대금을 에스크로 계좌에서 정산하여 지불하도록 약정할 수 있다.

지불이연금

거래대금 중 일부 금액을 특정조건이 달성되었을 때 지급하기로 약정하는 것이다. 에스크로 계좌와 유사하지만 계좌에 예치하지 않는다는 점이 다르다.

지불이연금(Holdback allowance)은 에스크로 계좌에 금액을 예치하지 않으며, 거래금액의 지불 시기 자체가 이연되는 것이다. 매수자 입장에서는 해당 금액만큼 자금조달 비용을 절감할 수 있다는 측면에서 에스크로 계좌 대비 유리한 점이 있다.

지불이연금은 에스크로 계좌와 본질적으로는 동일한 효과를 가지며, 관련 리스크의 현실화 가능성에 대한 판단이나 매수자와 매도자 간의 협상력의 차이에 따라 선택된다. 지불이연금은 주로 리스크의 현실화 가능성이 높은 경우, 매수자의 협상력이 상대적으로 큰 경우에 이용된다.

언아웃

언아웃(Earn-out)은 특정 조건 충족 여부에 따라 기업가치를 다르게 평가하도록 약정하는 것이다. 에스크로 계좌와 지불이연금은 이미 합의된 일정한 기업가치의 일부 금액을 계좌에 예치하거나 지불을 이연한 것인 반면에, 언아웃은 특정 조건 충족 여부에 따라 기업가치 자체가 달라진다는 점에서 기본적인 차이가 있다.

언아웃 방식의 거래는 주로 미래 기업실적에 대한 매도인과 매수인의 전망 차이로 기업가치에 대한 이견이 큰 기업의 M&A 거래에서 고려된다. 매도인은 향후 영업이익이 크게 높아질 것으로 확신하여 높은 기업가치를 요구하지만 매수인은 매도인의 주장에 의문을 가지게 될 때 언아웃 방식을 도입할 수 있다.

예를 들면, 매도인은 차연도의 연간 영업이익이 100억 원을 훨씬 상회할 것으로 전망하고 그 기준으로 기업가치를 요구하지만 매수인은 매도인의 기대치가 실현될지 여부에 의문을 가지고 있어 협상으로 기입가치 협의가 되지 않을 경우, 일단 영업이익 100억 원을 기준으로 한 거래금액으로 거래한 후 다음 연도의 영업이익이 100억 원을 초과하면 그 초과하는 금액에 일정 배수를 곱한 금액을 추가로 지급하기로 약정하는 방식을 도입할 수 있다. 이러한 약정을 언아웃이라고 한다.

이처럼 언아웃 방식은 매도인과 매수인 간의 기업가치에 대한 의견 차이(Valuation gap)를 메워주는 역할을 한다. 언아웃 방식의 거래조건은 기술을 기반으로 한 IT기업 등 매도인이 고성장을 전망하는 경우이거나 매수인이 대상기업의 사업계획에 대해 보수적인 관점을 가지는 경우의 M&A 등에서 종종 고려된다.

언아웃 방식에서 성과에 대한 약정 기간이 너무 길어지면 거래 자체가 의미가 없어지므로 통상 2년에서 3년 사이로 규정되는 것이 일반적이다. 언아웃 방식이 사용되면 별도의 영업성과나 실적에 대한 평가가 필요하므로 이를 명확히 하기 위해 M&A 거래 이후 합병 등의 통합작업 없이 운영하는 경우가 많으며 매도인이 회사 경영에 계속적으로 참여하는 경우가 대부분이다.

그러나 언아웃 방식은 거래 이후 성과평가에 대한 기준 설정, 언아웃 대금 지급 방법, 지급 시기 등 합의할 사항이 많아 거래협상에 긴 시간이 소요되며, 거래가 종결된 이후에도 언아웃 약정이 완전히 정산되기 전까지는 독립적으로 운영해야 하는 경우가 대부분이어서 인수 후 통합 작업이 지체될 수 있다는 단점이 있다. 또한 언아웃 방식은 거래 당사자 간 협상할 사항이 많고 복잡하므로 거래 상대방이 다수인 경우에는 적용하기 어렵다.

언아웃 방식은 M&A 거래에 있어서 기업가치 평가 자체의 변경을 규정하게 된다는 점, 세부사항을 규정하는 것이 난해하고 복잡하다는 점, 협상에 오랜 시간이 걸린다는 점 등의 여러 가지 단점이 있어 거래에서 자주 사용되는 편은 아니다.

언아웃 방식을 이용할 경우 주요 고려사항

① 언아웃 대금

언아웃 대금은 매도인과 매수인의 밸류에이션 갭을 메워주는 역할을 하므로 언아웃 대금은 해당 차이만큼으로 정하는 것이 일반적이다. 언아웃 대금은 너무 작으면 큰 의미가 없고 너무 큰 경우에는 거래가 성사되지 않을 것이므로 보통 전체 거래금액의 20~50% 수준 사이에서 결정된다.

② 언아웃 기간

대부분 3년 이내의 기간으로 설정한다. 통상 언아웃 대금이 크면 클수록 언아웃 기간은 길어진다. 일반적으로 매수인은 언아웃 기간을 늘리기를 원하고 매도인은 언아웃 기간을 짧게 하기를 원한다. 매도인 입장에서 언아웃 기간이 너무 길어지면 현재 시점의 거래가 의미 없을 수 있기 때문에 언아웃 기간이 긴 경우는 많지 않다.

③ 성과 측정 수단

언아웃 대금은 계량화할 수 있는 수치로 명확히 하는 것이 좋다. 따라서 비재무적 지표보다는 매출액, 영업이익 등 재무적인 지표로 설정하는 것이 좋을 것이다. 주로 1년 단위를 기준으로 성과를 측정하는 것이 일반적이며, 둘 이상의 성과 측정 수단을 사용하는 경우에는 복잡성을 가중시킬 수 있으므로 하나의 기준을 사용하는 것이 바람직하다.

협상의 전략

M&A 거래는 그 시작부터 종결까지 협상의 연속이다. 거래가격, 거래 시기 등 모든 거래조건은 매수인과 매도인 간의 끊임없는 협상의 결과물이다. 거래조건 하나를 어떻게 협상하느냐에 따라 거래의 성패가 달라질 수 있으므로 거래 당사자는 협상을 통해 거래조건을 계속적으로 수정하고 발전시켜야 한다.

M&A 거래 협상에서 고려할 수 있는 전략 몇 가지를 소개한다.

상대방에게 먼저 제안하게 하라

M&A 협상에 있어서 거래조건을 먼저 제시할 것인지, 아니면 상대방으로 하여금 먼저 제안토록 할 것인지에 따라 협상의 결과가 달라질 수 있다.

일반적으로 거래 상대방이 먼저 제안하도록 하는 것이 협상에서 유리하다. 매수인은 가능하다면 먼저 거래가격을 제시하는 것보다는 먼저 매도인에게 희망하는 거래가격을 묻는 것이 좋은 전략이 될 수 있다.

투자자는 매도인이 제시하는 희망 거래가격(Asking price)이 본인이 생각하는 거래가격 범위 내에 있다면 거래를 진행하면 될 것이고, 그렇지 않다면 투자자가 생각하는 지불 가능 가격 범위 내에서 거래가격을 다시 제시함으로써 협상을 시작할 수 있다. 투자자는 이러한 전략을 통해 자신의 최대 지불 가능 가격보다 낮은 가격에 거래할 수 있는 기회를 얻을 수 있다.

이러한 전략은 매도인의 입장에서도 유효하다. 매도인은 투자자에게 지불 가능 가격을 묻고 그 가격이 매각 희망 거래가격 범위 내라면 해당 거래를 진행하면 되고, 그렇지 않다면 투자자에게 매각가격을 다시 제시할 수 있다. 매도인도 이러한 전략을 통해 최저 매각 희망가격보다 높은 가격으로 거래할 수 있는 기회를 확보할 수 있다.

거래가격에 대한 협상은 다음의 그림에서 점선의 박스 부분의 효익을 누가 차지할 것인가의 게임이라고 할 수 있는데, 협상 과정에서 누가 먼저 가격을 제안하는지가 중요한 영향을 미칠 수 있다.

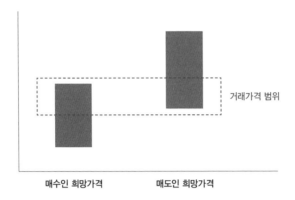

거래가격 범위

매수인 희망가격   매도인 희망가격

최대 허용가격을 미리 설정하라

최대 허용가격(Tolerable price)을 가지고 협상에 임하는지 여부는 거래 당사자의 협상력에 큰 영향을 미친다. 거래 당사자는 최대 허용가격을 설정하면 협상을 효율적으로 진행할 수 있으며 불필요한 시간 낭비를 줄일 수 있다.

매도인의 희망가격 수준이 매수인이 생각하는 범위를 넘어서는 경우 매수인은 해당 상황을 매도인에게 인지시키고 거래 논의를 중단하거나 언아웃 방식 등 다른 거래조건을 도입하는 것을 고려해야 한다.

매도인은 거래가격이 매각 희망가격대의 최하한치에서 미달하면 거래하지 않을 것이고, 매수인은 거래가격이 매수 희망가격대의 최고치 수준에서 벗어나면 거래를 포기할 것이므로 통상 거래는 매수인이 생각하는 가격대와 매도인이 희망하는 가격대가 겹치는 부분에서 성사된다. 그러나 매도인이나 매수인이 최대 허용가격을 설정하고 있지 않은 경우에는 무의미한 협상의 줄다리기만 이어지고 합의점에 도달하기 어려워진다.

최대 허용가격을 설정하므로써 매수인은 협상 결과 당초 생각했던 것보다 높은 가격으로 거래하게 될 위험을 낮출 것이며, 매도인 또한 불필요한 시간 낭비와 정보유출을 최소화할 수 있다.

특히 경매호가 방식으로 진행되는 프로그레시브 딜 방식이 도입되는 M&A에서는 당초 생각지도 않았던 조건으로 거래를 종결하게 될 위험성이 높아지므로 매수자 입장에서는 경매호가 프로세스에 참여하기 전에 허용가격 최대치를 미리 설정해놓는 것이 좋다.

협상은 중간에서 완료된다는 점을 이용하라

협상 과정에서 협상 조건에 이견이 생기는 경우 종국적으로는 양 이견의 중간값에서 거래가 성사되곤 한다. 예를 들면, M&A 거래가격 협상의 막바지에 매수인이 1,100억 원을 주장하고 매도인은 1,200억 원을 주장하는 상황에서 1,150억 원에 거래가 합의되는 경우가 많은 것이다.

입찰 프로세스로 진행되지 않는 프라이빗 딜의 경우에는 먼저 제안하는 거래 주체는 첫 번째 제안에서 본인이 허용 가능한 가격의 최대치나 최소치를 제안하지 않는 경향이 있다. 이렇게 거래 상대방의 최초 제안이 최선의 제안가격이 아니라는 인식을 가지고 협상에 임하면 협상 과정에서 수정된 희망가격이 논의되는 것이 일반적이다.

따라서 협상에 임하는 당사자는 이러한 협상의 특성을 이용하여 제안 단계부터 전략적으로 접근해야 한다. 협상은 통상 중간점에서 완료되므로 상대방이 제시할 거래조건을 추측하여 중간점이 허용 가능 가격 범위 이내에 들어오게끔 희망가격을 제시하는 전략을 활용할 수 있다.

예를 들면 매수인의 허용 가능 최대가격이 1,400억 원인 상황에서 매도인이 희망가격으로 1,500억 원을 주장하는 경우 매수인은 매도인에게 1,300억 원을 매수 희망가격으로 주장함으로써 허용 가능 최대가격(1,400억 원) 이내에서의 합의를 유도할 수 있는 것이다.

여러 가지 조건을 동시에 협상하라

협상 전략을 논할 때 윈윈(Win-win)이라는 말을 많이 쓴다. 한쪽은 매도인이 되고 한쪽은 매수인이 되는 M&A 거래에서 협상 상대방이 모두 윈윈이 되려면 하나를 상대방에게 내어주고 하나를 받아야 한다.

따라서 두 가지 이상의 조건을 같은 테이블에 놓고 협상을 할 때 윈윈의 결과가 나올 가능성이 높아지며, 거래 당사자 모두 얻는 것이 있는 방향으로 협상을 진행할 수 있다. 즉, 거래 당사자가 여러 가지 조건을 놓고 서로 제안을 하는 경우 원윈으로 종결될 가능성이 높아지는 것이다.

이러한 점에서 거래조건을 협상할 때에는 서로 트레이드 오프(Trade-off) 관계 있는 거래조건들을 협상 테이블에 같이 올려놓고 협상하는 것이 바람직하다.

M&A 본계약 협상 과정에서 거래종결일, 거래종결의 선행요건, 거래 후 손실보전 한도, 손실보전 기간, 확약사항 등의 다양한 조건을 개별적으로 논의하기보다는 하나의 협상 테이블에서 동시에 논의할 때 최적의 협상 결과를 도출할 가능성이 높다는 것이다.

예를 들면, 본계약 협상 과정에서 거래 이후 손해배상 한도만을 가지고 협상한다면 계속적으로 평행선을 유지할 수 있지만 손해배상 한도와 손해배상 기간을 동시에 협상한다면 상대적으로 합의점을 찾기 용이하다.

최적의 협상 타이밍을 찾아라

협상의 목적은 특정 사안을 거래 주체가 생각하는 방향대로 상대방을 설득하여 거래조건에 반영하는 것이다.

그런데 여기서 유의하여야 하는 것은 사안마다 어떠한 시점에 협상하는지에 따라서 협상 결과가 달라질 수 있다는 점이다. 동일한 사안이라고 하더라도 언제 제기하느냐에 따라 협상이 잘 마무리되기도 하고, 아니면 결렬되어 거래가 중단되기도 한다.

실사 과정에서 어떤 리스크 사항을 발견했다고 하여 그 즉시 거래 상대방과 논의하려고 하는 전략은 바람직하지 못하다. 투자자는 먼저 해당 사항을 어떠한 방식으로 거래조건에 제시하는 것이 좋을지 사전에 충분히 생각해야 한다. 협상에 나서기 전 해당 리스크를 거래가격에 반영하는 것이 좋을지 아니면 거래대금 지급 시기를 조정하는 방식으로 조건을 수정하여야 할지 검토해야 하는 것이다.

실사 과정에서 거래가격을 조정하여야 할 사항이 발견되었다면 매수인은 그 즉시 매도인에게 거래가격 조정을 주장하기보다는 거래조건을 협상하는 테이블에서 거래가격과 거래대금 지급 시기 등 여러 조건을 동시에 협의하는 것이 원하는 방향으로 거래를 이끄는 데 유리하다.

상대방을 존중하라

M&A 거래에서 협상 당사자는 수년 또는 수십 년 동안 기업을 일구어온 창업자이거나 기업의 CEO인 경우가 많다. 이들과 거래를 논의하고 협상을 하기 위해서는 수준 높은 커뮤니케이션 능력이 필요하다. 기업의 오너나 최고 경영진들은 금전적인 가치뿐만 아니라 명예나 자존심 등 비금전적인 가치 또한 중요하게 생각한다는 것을 유념해야 한다.

M&A에서 협상의 사안은 미묘하고 복잡하며 협상 당사자 입장에서 민감한 사안이 많으므로 본의 아니게 상대방의 감정이나 자존심을 상하게 할 수 있다. 이러한 점 때문에 계약 체결 직전 최종 협상 과정에서 자존심을 자극하는 말 한마디가 수조 원의 거래를 무산시키기도 한다.

M&A 거래협상에서는 거래종결 시까지 상대방을 존중하고 최대한 예의를 갖추어 행동해야 하며 직접적이고 직설적인 표현은 가급적 자제하는 것이 바람직하다. 거래 과정에서 거래당사자가 아닌 대상회사 임직원이나 정부 등 제3의 상대방과 협상하여야 하는 경우도 발생하는데, 이때에도 상대방에 대한 존중은 협상의 기본이 된다.

협상에서 고려해야 할 것들

> 신이여, 고칠 수 없는 일은 의연히 받아들이는 여유로움을,
> 고쳐야 하는 일은 기필코 고치는 용기를,
> 그리고 그 두 가지 일을 구별하는 지혜를 주소서.
>
> — 라인홀드 니버 —

M&A 협상에서 협상 당사자가 전략적으로 고려하여야 할 몇 가지 사항을 살펴보자.

협상에 투입한 비용이 큰 쪽이 불리하다

협상이 성과 없이 무산되는 경우 소요된 시간과 기 투입비용은 모두 매몰비용이 된다.

협상 당사자는 협상이 무산되는 경우의 매몰비용과 협상에서 양보함에 따른 손실을 비교하게 되는데, 매몰비용이 커지면 커질수록 협상

당사자의 양보 가능성과 폭은 커질 수밖에 없다. 따라서 시간과 비용을 많이 투입한 쪽이 협상에서 불리한 지위를 가지게 되는 것이다.

M&A 거래에 있어서 통상 매도인보다는 매수인 쪽에서 실사, 가치평가 등 업무에 시간과 비용을 더 많이 투입하게 된다. 이러한 점 때문에 협상이 길어지면 길어질수록 매수인 측의 협상력이 떨어지는 경향이 강하다. 거래 성사 직전까지 매수인과 매도인이 협상에 타협이 되지 않아 평행선을 걷는 경우 매수인 측에서 양보하는 경우가 더 많은데 이러한 경향이 반영된 것으로 볼 수 있다.

매수인 입장에서는 이 점을 반대로 이용해서 매도인의 시간 투입과 비용 지출을 유도하는 전략을 쓸 수도 있다. 매도인에게 자문사가 없다면 자문사의 선정을 유도하고 매도인과의 미팅이나 협상 시간을 늘려가는 전략을 이용해볼 수 있다.

협상팀에 권한을 부여하라

협상에 나서는 협상팀은 최고 의사결정권자에게 어느 정도의 권한을 위임받고 협상에 임해야 한다. 협상의 상대방은 협상팀에게 협상권이 없다고 생각하면 협상 시 최종적인 수정 제안을 하지 않고 최초의 제안만을 고집하곤 한다. 이렇게 되면 협상에서 접점을 찾기가 어려울 수밖에 없다.

협상의 전략으로 당사자에게 결정권이 없다고 하는 전략이 유용하다는 말도 있지만, 본질적으로는 협상 테이블에서 아무것도 결정하지 못한다면 그 협상에 투입한 시간은 무의미할 것이다.

또한 협상 당사자의 직위나 직급을 상대방과 어느 정도 일치시키는 것이 바람직하다. 매도인과 매수인 간 협상 당사자의 직급 등에 차이가 나면 의사결정 권한이 다르다고 느껴 원활한 협상 진행이 어려울 수 있다.

단정적인 제안은 피하라

협상을 하다 보면 이른바 벼랑 끝 전술을 쓰는 경우가 종종 있다. 매도인 입장에서는 특정 가격 이하는 절대 매각하지 않겠다든지, 매수인 입장에서는 특정 조건이 충족되지 않으면 거래를 포기하겠다든지 등 거래 당사자는 각각 본인의 주장을 관철시키려는 목적으로 단정적인 제안을 제시하고 이를 받아들이지 않으면 거래를 중단하겠다는 의사 표시를 하는 것이다.

거래 당사자는 이러한 단정적인 의견 제시를 하기 전에 상대방이 제안을 받아들일 의사가 없는 경우에는 곧바로 거래가 중단될 수 있다는 점을 충분히 고려해야 한다.

물론 권한 있는 당사자의 최종적이고 명확한 의견 제시는 기나긴 협상을 매듭짓기 위해 필수적일 수 있다. 그러나 이러한 의견제시 때문에 협상 자체를 이어가지 못할 수도 있으므로 단정적인 제안은 어느 정도 협상을 진행한 상태에서 그 조건이 충족되지 않으면 거래를 포기(Walk away)할 수밖에 없는 최종적인 상황에서 제시되어야 할 것이다.

특히 거래 진행 초기에 이러한 단정적인 의견 제시는 바람직하지 않다. 예를 들면 기업정보도 제공되지 않은 거래 초기 단계에서 매수인의 거래가격 제시도 이루어지지 않았는데, 매도인이 막연히 1,000억 원 이하로는 절대 팔지 않겠다는 강력한 의사표시를 하여 거래논의가 시작되지도 못하는 경우를 종종 볼 수 있다. 거래논의 초기 단계에서 매수인은 대상기업의 가치를 정확히 알지 못할 수 있으며 매도인 또한 기업의 리스크나 문제점을 파악하지 못한 상태일 수 있기 때문에 이러한 단정적인 의사 표시는 오히려 거래 진행에 해가 될 수 있다는 점을 주의해야 한다.

반드시 인수해야 할 딜은 없다

매수인은 무조건 인수해야 하는 딜은 없다는 것을 협상과정에서 항상 염두하여야 한다.

M&A 절차에 진입한 매수인은 시간이 경과할수록 M&A 거래를 성사시켜야만 한다는 강박관념에 빠지는 경우가 많다. 매수인 측에서 거

래를 주도하고 총괄하는 프로젝트 리더의 경우 특히 더욱 그렇다.

앞에서 살펴보았듯이 거래가 진행되면서 투입시간과 비용이 커질수록 매수인은 M&A 거래를 포기함에 따른 손실이 커지기 때문에 가급적 거래를 성사시키고자 하는 쪽으로 행동하는 경향이 크다. 그러나 반드시 거래를 성사시키고자 하는 욕구는 자칫 높은 거래가격 등 무리한 거래조건을 받아들이는 결과를 가져올 수 있다.

M&A는 경영전략의 실행 수단이지 목적이 될 수는 없다. 매수인은 M&A 거래 이외의 다른 대안, 즉 플랜 B를 항상 고려하여야 한다. 거래 상대방이 무리한 요구를 하거나, 실사 결과 통제불가능한 위험요소가 발견되면 과감히 거래를 포기할 용기도 필요한 것이다.

M&A 커뮤니케이션

M&A는 거래 절차 전반에 걸쳐 다양한 변수가 존재하며, 거래절차마다 여러 이해관계자와 다양한 커뮤니케이션이 필요하다.

비밀유지

비밀유지는 M&A 거래에 있어서 필수적이다. M&A 거래는 거래 상대방과의 비밀유지계약 등을 체결하여 거래정보에 대한 비밀유지를 약정하는 것부터 시작된다.

거래 상대방과 체결한 비밀유지계약의 준수 관점에서도 당연한 것이겠지만 내부 프로젝트팀, 외부자문사 등과의 관계에서도 비밀유지에 신경 써야 한다.

특히 거래 시작 초기 단계에서 거래정보가 노출되는 경우에는 생각 지도 못한 다양한 이슈에 직면하게 될 확률이 높다. 거래 진행 사실이 거래 논의 초기에 유출되면 거래 당사자 및 이해관계자들은 본인들에게 미치는 수지타산을 계산하여 거래에 대하여 이런저런 의견을 내놓기 마련이다. 임직원들의 동요도 있을 수 있고 거래처나 경쟁사에서 의견이 나올 수도 있다.

이러한 이해관계자들의 동요나 의견은 때로 언론에 기사화되기도 하는데, 거래 당사자가 거래에 집중해야 할 때 이러한 의견들에 대한 대응을 위해 시간을 써야 하는 상황을 맞이할 수 있다. 특히 상장회사의 경우 M&A 관련 정보가 유출될 경우 주가에 큰 변동성을 가져올 수 있으므로 비밀유지에 더욱 신경 써야 한다.

M&A 거래는 계약체결 공시와 함께 깜짝 뉴스로 공개되는 경우가 많은데 이는 비밀유지계약의 준수 목적도 있지만 거래 당사자가 상기와 같은 복잡한 상황의 발생을 원하지 않기 때문에 거래완료까지는 거래 정보를 외부에 유출하지 않으려 하기 때문이다.

거래의 공표

M&A 커뮤니케이션에서 거래의 공표만큼 중요한 것은 없다. 거래

당사자 입장에서는 M&A 거래를 언제, 어떠한 방식으로, 누구에게 공표할 것인가에 대하여 전략적인 고려가 필요하다.

아무리 보안을 유지한 상태에서 거래를 진행한다고 하더라도 언젠가는 거래를 공표해야 할 시기가 온다. 거래를 공표할 때에는 거래의 진행 상황에 대하여 명확히 알려야 할 필요가 있으며, 이러한 공표는 주로 공시나 언론사 보도자료 배포를 통해 이루어진다. 상장회사의 경우에는 법규에 따른 공시와 보도자료 배포는 거의 동시에 이루어진다.

보도자료에는 주로 거래대상, 거래금액 등 간략한 거래조건과 거래의 동기, 거래 이후의 계획 및 주주가치에 미칠 예상 영향 등을 포함하며, 추가적으로 거래종결까지의 절차와 일정, 인수자의 거래종결에 대한 의지 등을 포함할 수 있다.

M&A 경험이 많은 인수자는 거래 사실의 공표 시기와 방법을 조정하여 거래 진행에 전략적으로 이용하기도 한다. 의도적으로 이른 시점에 거래를 공표하여 인수경쟁자의 참여를 차단시키기도 하며 때로는 언론플레이를 통해 매도인을 압박하기도 한다.

예를 들면 공개적으로 진행되는 거래에 있어서 거래 초기 단계에 명확한 거래 동기와 강력한 거래종결 의사를 표명하여 언론이나 이해관계자들로부터 최적의 인수자라는 평가를 유도함으로써 인수경쟁자가 참여하는 것을 주저하게 할 수 있으며, 반대로 거래에 큰 관심이 없는 것처럼 언론플레이를 하여 매도인을 압박할 수도 있다.

언론 대응

M&A 거래에 참여하는 거래 당사자는 언론 대응과 관련하여 거래 진행 초기부터 커뮤니케이션 담당자를 지정하여 관련 보고체계를 명확히 설정하는 것이 바람직하다.

특히 다수의 기업이 인수경쟁을 하고 있는 상황에서는 특정기업이 인수자가 될 경우 발생 가능한 문제점들이 거래 진행 과정 중에 이슈화되는 경우를 종종 목격할 수 있다. 이러한 사항은 주로 언론 기사를 통해 이슈로 제기되는데, 인수 경쟁회사가 경쟁자의 제거를 위해 의도적으로 이러한 상황을 유도하기도 한다.

만약 투자자가 이러한 이슈 제기의 타깃이 된다면 언론 기사에 어떠한 방식으로 대응할 것인지에 대한 신속한 의사결정이 필요하다. 공식적으로 대응하지 않을 것인지, 아니면 빠르게 대응하여 반대적인 입장을 표명할 것인지 신속히 결정해야 한다.

중요한 문제 제기가 발생하였는데 뒤늦게 대응하는 경우에는 오히려 거래 진행에 불확실성만 키울 수 있으므로 이러한 문제 제기가 발생했을 때 해당 사항에 어떻게 대응할지 전략적인 대응방안을 미리 마련해 놓아야 한다.

네이버, 포쉬마크 다음 달 조기인수 검토…시장 우려 잠재울까

네이버가 북미 최대 패션 C2C(개인 간 거래) 커뮤니티 '포쉬마크' 인수를 내년 1월 초 마무리하는 방안을 검토하고 있다. 당초 밝힌 인수 마감 시한인 내년 4월보다 3달가량 앞당겨진 것이다. 이는 지난 10월 초 인수를 발표한 뒤 일었던 고가 인수 논란과 주가 하락 등 국내외 시장의 우려를 불식하려는 시도라는 분석이 나온다.

네이버가 포시마크 인수를 조기에 마치려는 것은 인수를 둘러싼 시장 우려를 해소하고 글로벌 C2C 시장에서 커머스 경쟁력을 강화하는 데 박차를 가하려는 움직임으로 해석된다. 네이버는 다음 달 초 인수 절차를 마친 뒤 그 달 중순 샌프란시스코 실리콘밸리에서 국내 언론사 현지 특파원들을 대상으로 기자간담회를 열어 포쉬마크 인수 등에 대해 설명할 계획이다.

업계 관계자는 "네이버가 인수를 발표한 뒤 여러모로 시장의 우려가 나오다 보니 빠르게 절차를 마치는 것이 시장의 신뢰를 얻을 방안으로 판단한 것으로 보인다"고 말했다.

〈연합뉴스〉, 2022. 12. 18. 임성호 기자

M&A에 대한 규제

> 돈은 위태로운 곳에 있다.
>
> – 일본 속담 –

    시너지가 크고 거래 의지가 아무리 강하다 하더라도 외부적인 규제 때문에 M&A 거래 자체가 불가능할 수 있다. M&A에 대한 규제는 매우 다양하여 산업별, 국가별, 지역별로 다르므로 이에 대한 사전 검토는 필수적이다.

    가장 쉽게 생각할 수 있는 M&A 규제는 독과점 관련 규제이며 그 외에도 기업의 특성에 따라 다양한 규제가 존재한다.

독과점 관련 규제

    독과점 관련 규제는 M&A에 직접적이고 강력한 영향을 미친다.

M&A 거래에 독과점 관련 이슈가 있을 것이라고 생각되는 경우에는 거래제안 등 거래 절차에 들어가기 전부터 법률자문사 등을 통하여 해당 M&A가 규제받을 가능성을 반드시 검토해야 한다. 특히 독과점 규제는 각 국가 및 지역에 따라 다르므로 크로스보더(Cross-border) M&A 거래 등 해외 규제기관의 규제를 받을 수 있는 관련 거래는 각 국가나 지역의 법령을 개별적으로 검토해 보는 과정이 필요하다.

한국의 경우 일정 규모 이상의 회사가 M&A 거래를 하게 되면 공정거래위원회에 기업결합 신고의무가 발생한다. 공정거래위원회는 해당 M&A가 경쟁을 실질적으로 제한하는지 여부를 심사하여 경쟁제한성이 인정되면 기업결합 금지 등 시정조치를 하게 된다.

기업결합 신고는 원칙적으로는 거래종결 후 사후신고 제도로 운영되고 있으나, 큰 규모의 M&A에는 거래종결 전 사전신고 대상이 된다. 만약 거래종결 전 사전신고 대상에 해당한다면 거래 일정에 직접적인 영향을 미치게 되므로 해당 여부에 대하여 반드시 미리 확인해야 한다.

국내 독과점법에서는 M&A를 제한하는 경쟁제한성 추정 기준은 기업결합 후 시장점유율, 업계 1위 여부, 시장점유율 2위 회사와 시장점유율이 25% 이상 차이가 나는지 여부 등 다양한 기준으로 판단하도록 규정하고 있는데 관련 법령과 규정을 확인하여 해당되는지 여부에 대해 사전에 검토해보는 것이 바람직하다.

M&A 거래에 경쟁제한성이 있다고 인정되면 규제당국으로부터 M&A 거래 자체의 중지 또는 일부 자산의 처분 등 시정조치가 나올

수 있으므로 유의해야 한다. 독과점 관련 규제와 관련하여 M&A 거래가 무산된 대표적인 사례로 SK텔레콤의 CJ헬로비전 인수 시도 사례를 들 수 있다.

2015년 11월 SK텔레콤은 CJ헬로비전 주식 30%를 취득하는 계약과 함께 SK브로드밴드와 CJ헬로비전 간의 합병계약을 체결하였지만, 공정거래위원회는 해당 기업결합을 경쟁제한 행위로 판단하여 SK텔레콤의 CJ헬로비전 주식취득계약과 합병계약에 대한 이행행위 금지를 명령하는 시정조치를 내린 바 있다. 공정거래위원회의 해당 시정조치로 결국 M&A는 무산되었다.

중소기업 요건 제외

M&A로 중소기업의 규모가 커지거나 지배구조가 변경된다면 거래 이후 중소기업에서 제외될 수 있으므로 유의해야 한다.

중소기업의 경우 세제 면에서 혜택, 공공기관 입찰 시 혜택 등 대기업과 비교해 많은 혜택이 존재하는데, M&A 이후 중소기업에서 제외된다면, 기존에 누리던 혜택이 축소되거나 사라지게 되어 거래로 인해 해당 기업의 매출액이나 이익이 오히려 감소하는 상황을 맞이할 수도 있다.

이러한 매출액 감소나 이익 감소의 마이너스 효과가 투자자가 M&A

로 기대하는 플러스 효과보다 초과하게 되면 거래 의미가 퇴색될 수 있으므로 중소기업을 타깃으로 하는 M&A에서는 거래로 인하여 중소기업에서 제외될 가능성과 그렇게 될 경우 효과에 대하여 면밀히 검토해야 한다.

중소기업의 범위는 중소기업기본법에서 정하고 있으며 매출액 규모 기준, 소유와 경영의 구조 등을 기준으로 중소기업 요건을 규정하고 있다.

대주주 변경 승인

특정업종의 경우 대주주가 변경될 때 법률에 따라 관련기관의 승인을 받아야 하는 규제가 있다.

예를 들면, 방산업체를 인수하고자 한다면 방위사업법에 따라 거래를 종결하기 전 산업통상자원부 장관의 승인을 받아야 하며(방위사업법 제35조 제3항), 금융업을 영위하는 기업을 인수하고자 한다면 금융회사 지배구조의 관한 법률에 따라 금융감독위원회에 미리 승인을 받아야 한다(금융회사의 지배구조에 관한 법률 제31조).

이렇게 정부기관 등 유관 기관의 규제가 존재하는 산업의 경우에는 거래계약을 했다고 하더라도 유관 기관의 승인을 받지 못하면 M&A 거래가 불가능하게 되므로 이에 대한 사전 검토는 필수적이다.

이러한 규제 사항은 M&A 일정이나 절차에도 큰 영향을 미치며, 이 부분을 검토하지 않고 거래계약을 체결했다가 규제 관련 이슈사항 때문에 거래가 지연되거나 무산되는 경우, 거래 무산에 따른 책임 소재와 관련하여 거래 당사자 및 이해관계자의 분쟁이 뒤따를 수도 있다.

따라서 M&A 거래와 관련하여 관련 기관의 사전 승인이 필요한 경우에는 본계약에 관련 거래승인 절차에 대한 거래 당사자의 책임의 한계를 명확히 기재하는 것이 바람직하다. 2017년 10월 웨일인베스트컨소시엄은 칸서스자산운용을 인수하는 계약을 맺었으나 금융당국의 대주주 적격성 심사가 보류되면서 2018년 1월 계약이 해지되었으며, 그 이후 계약 해지의 귀책 사유 문제로 거래 당사자 간 소송이 제기되었던 바 있다.

한편 투자자는 거래구조의 변경을 통해 이러한 규제를 피할 수 있는지 검토해 볼 필요가 있다. 대주주 변경 승인은 규제 대상기업의 대주주가 변경되는 경우에 필요한 절차로서 투자자가 대상기업이 아닌 대상기업의 모회사 지분을 취득하는 거래구조를 통하여 이러한 규제를 피한 사례도 있다.

2019년 7월 라이브플렉스-씨티젠 컨소시엄은 삼보저축은행을 인수하는 M&A 계약을 체결하였는데, 삼보저축은행의 지분을 취득하는 대신 해당 은행을 지배하는 모회사 태일의 지분을 취득하는 거래구조를 통해 금융당국의 대주주 적격성 심사절차 없이 M&A 거래를 진행할 수 있었다.

인수 후 통합전략

딜 과정에서 범하는 가장 큰 실수는
재빨리 통합을 진행하지 못하는 것이다.

― 토드 톰슨 ―

M&A 거래가 종결되었다고 해서 전략적 목적이 달성되는 것은 아니며 기업가치가 하루아침에 바뀌는 것도 아니다.

타깃을 잘 선택하였고 실사, 계약, 거래종결 등 M&A 절차를 성공적으로 완료하더라도 인수 후 통합(PMI)을 적절히 실행하지 않는다면, 인수자는 거래의 전략적 목적을 달성하기 어렵다.

과거의 조사에 따르면 M&A 성공률은 평균적으로 50%를 넘지 못하는 것으로 알려져 있다. 이는 거래 이후 절반 이상이 기대했던 효과를 내지 못한다는 것인데, 그만큼 인수 후 통합이 어렵다는 것을 반증한다. 인수자들은 인수 후 통합 작업이 계획적이고 전략적으로 실행되어야 한다는 사실을 가끔 망각하곤 한다.

PMI 작업은 변화를 위한 초석이다. 기업은 현상 유지가 아닌 변화를 위해 M&A를 하는 것이지 멈추어 있으려고 하는 것은 아니다. 기업의 변화는 쉽게 오지 않기에 조직 전체가 움직일 때가 기회인데, 이렇게 조직 전체를 움직이게 하려면 구체적인 사전 계획과 철저한 실행 전략이 있을 때만 가능하다.

완벽함보다는 속도가 더 중요하다

PMI에서 항상 강조되는 것은 인수 후 초기 100일(One-hunred days)의 중요성이다. 인수 직후 조직원들은 M&A 발표 뉴스에 놀라지만 다른 한편으로 변화에 대한 기대감도 가지게 된다. 그러므로 인수 직후 초기 시점이 조직원들이 변화를 받아들이기 가장 좋은 시기이다.

이 때문에 인수 후 통합 작업의 성패는 인수 후 최초 3개월 동안 어떠한 의사결정과 작업이 진행되느냐에 걸려 있다고 해도 과언이 아니다. 만약 인수 후 초기 100일 동안 PMI 작업을 적절히 실행하지 못한다면 핵심 인재들이 회사를 떠나는 모습을 지켜봐야 할 수 있다.

거래가 종결되자마자 PMI 관련한 의사결정을 신속하게 하려면 최대한 빠르게 계획하고 준비해야 한다. 따라서 인수 후 통합에 대한 계획과 준비는 거래를 검토하기 시작할 때부터 생각해 놓는 것이 바람직하다.

PMI 전략은 M&A의 출발점에서부터 이미 설정되어 있어야 하며 실사 기간 중 그 세부 내용이 구체화되어야 한다. 즉, 인수자는 거래 시작부터 PMI에 대한 전략을 준비하여 실사 기간 중에 구체화하고 수정해 가면서 인수 직후 최대한 빠르게 의사결정하고 전략을 실행하도록 해야 한다.

LG생활건강은 승자의 저주 없이 M&A를 성공적으로 실행한 기업으로 평가받곤 하는데, LG생활건강은 검토 단계부터 인수팀을 구성해 PMI를 준비하고 M&A의 실사 과정에서 대상기업의 문제점과 개선방안을 도출하여 사업정상화에 필요한 핵심 과제를 3개월 내에 80%를 실행한다고 한다. LG생활건강의 M&A가 성공적으로 평가받을 수 있었던 중요한 기반 중 하나는 결국 신속한 PMI 작업의 실행에 있었던 것이다.

리더십이 성공적인 PMI를 이끈다

M&A가 발표되면 막상 기업의 구성원들은 어떠한 변화가 있을지, 어떠한 행동을 해야 하는지 모르고 우왕좌왕하는 경우가 많다. 따라서 인수자는 인수 직후 가급적 가장 빠른 시점에 구성원들에게 PMI와 관련한 명확한 비전과 공통의 목표와 방향성을 알기 쉽게 제시하는 것이 매우 중요하다.

이러한 PMI 목표와 방향성의 제시는 상징적인 리더가 하는 것이 좋다. PMI를 이끄는 리더가 없다면 의사결정이 분산되고 커뮤니케이션이 제각각이 되어 M&A 거래 직후 처음 3개월을 의미없이 보내버릴 수 있다.

성공적인 PMI를 위해서는 작업을 실행할 리더를 미리 선정하고 그를 통해 각 분야별 리더를 선정하고 또 그 분야별 리더들이 PMI 작업을 주도할 수 있는 환경을 만들어야 한다. 결국 PMI 작업의 성공 여부는 누가 어떻게 그 작업을 실행해 가느냐에 달려 있다. 리더가 분명하지 않으면 PMI의 시작 자체가 어렵다.

M&A 경험이 많은 기업이나 사모펀드는 거래 준비 단계부터 PMI의 리더를 선정하고 실사 작업부터 참여시킨다. 실사 시점에 리더를 선발해 준비시키고 딜이 종료되면 바로 대상기업에 투입할 수 있도록 하는 것이다.

통상 선정된 리더는 M&A 후 대상기업 CEO나 핵심 임원으로서 PMI를 이끈다. 이러한 리더는 꼭 인수기업 측 인원일 필요는 없으며 대상기업을 잘 알고 있는 대상기업의 조직원 중에서 선택해도 된다. 중요한 것은 거래종결 전에 PMI 리더를 미리 선정하여 M&A의 인수 근거나 전략적 목표를 사전에 공유해야 한다는 것이다.

M&A 목적에 맞는 PMI 전략을 실행한다

PMI 전략은 M&A의 목적에서 출발한다. PMI 작업은 M&A 거래의 추진 논거나 기대효과를 이끌어 내는 작업이기 때문에 거래의 목적에 따라 PMI의 범위나 전략이 달라진다.

M&A 목적에 따른 PMI 전략을 크게 다음과 같이 나누어 볼 수 있다.

인수 후 통합전략의 구분

PMI 전략	M&A의 특징	사업의 상호 의존성	대상기업의 자주성	인수자의 통제 정도
유지전략	대상기업의 사업 분야가 인수자의 사업 분야 관련이 없는 사업인 경우	낮음	높음	낮음
연방전략	M&A의 목적이 시장이나 고객의 확보를 위한 경우	낮음	높음	높음
연계전략	수직적 통합 목적 M&A 거래의 경우	높음	높음	높음
흡수전략	규모의 경제를 위한 M&A 거래의 경우	높음	낮음	높음

인수기업과 무관한 사업을 하고 있는 대상기업과 M&A를 실행한다면 인수기업이 거래 직후 큰 변화를 시도하는 것은 위험할 수 있다. 이런 경우에는 오히려 대상기업의 경영진과 구성원을 그대로 유지하는 경우가 많으며 인수자는 대상기업에 부족한 부분을 보완해 주는 정도의 PMI 전략을 실행한다.

특히 이종산업의 다른 기업을 인수한 이후 인수기업에서 임직원을 파견하는 경우에는 핵심 임직원의 이탈이 없도록 주의해야 한다. 이때에는 임직원의 파견은 최소화하면서 이사회를 통하여 대상기업을 컨트롤하는 것이 효과적이다. 이러한 전략은 사모펀드에 의한 M&A에서 많이 나타난다.

대상기업과의 사업적인 시너지 창출이 M&A 추진의 주요 논거였다면 어떠한 PMI 전략을 선택하는 것이 시너지 창출에 유리할지를 미리 판단하고 그에 적합한 전략을 택하는 것이 필요하다.

특정 시장이나 고객을 확보하려는 목적의 M&A라면 거래 후 인수자가 어느 정도의 통제는 하되 대상기업이 독립적으로 운영될 수 있도록 PMI 전략을 실행하는 것이 효과적이다. 반대로 규모의 경제를 위한 M&A라면 인수자가 대상기업을 흡수하여 운영하는 방향으로 PMI 전략을 실행하는 것이 효과적일 것이다.

PMI의 실행

PMI 작업은 매우 광범위한 사항을 다룬다. 인수자들은 대부분 PMI의 중요성을 인지하지만 막상 어떠한 과제를 수행하여야 할지 막막해하는 경우가 많다. PMI에 대하여 이론적으로는 이해하지만 정작 실무에서 어떠한 방식으로 구현해야 하는지 막막해하는 것이다.

실무적으로 PMI 작업에서 중요하게 다루어야 하는 몇 가지 사항들을 살펴보자.

경영진 선임

인수 이후 대상기업을 이끌어 갈 경영진은 최대한 빠르게 결정해야 한다.

인수 직후 선임되는 경영진은 PMI를 이끌어 갈 리더가 되기 때문에 매우 중요한 의미를 가진다. 따라서 인수자는 인수 즉시 발표할 수 있도록 거래 진행 과정에서 미리 경영진 구성을 짜야 하며 이들이 PMI를 이끌도록 준비해야 한다.

바이아웃(Buyout) 거래를 전문적으로 하는 사모펀드 등 경험 많은 M&A 인수자들은 인수 검토 초기 단계부터 경영진 후보를 검토하기 시작하며, 해당 산업 분야의 경험이 풍부한 CEO 후보군을 거래 초기 단계부터 선정하고 자문을 구하면서 거래 진행까지 함께하기도 한다.

대상기업의 기존 경영진을 교체할지 여부와 그 범위는 인수자의 PMI 전략에 따라 달라진다. PMI 전략에 따라 경영진 후보는 인수기업의 내부에서 선정할 수도 있고, 대상기업 임직원 중에서 선임할 수도 있으며 또는 산업 내 전문 경영인을 영입할 수도 있다.

대상기업을 독립적으로 운영하면서 M&A의 전략적인 목적을 달성하기 위한다면 주로 대상기업의 임직원 중에서 경영진을 선정하는 경우가 많고, 대상기업을 인수기업에 흡수하는 방향성을 가진 경우에는 인수기업의 임직원 중에서 경영진을 선정하는 경우가 많다.

핵심인력의 파악과 재배치

기업을 인수하는 것은 결국 사람을 사는 것이라는 말이 있을 정도로 M&A에서 대상기업의 인력의 가치는 매우 중요하다.

특히 M&A 거래 이후 핵심인력의 이탈은 기업가치에 큰 훼손을 가져오는 경우가 많으므로 실사 단계에서부터 핵심인력이 누구인지 명확히 파악해 핵심인력을 유지할 수 있도록 해야 한다.

핵심인력은 주로 조직 내에서 중요한 정보를 가지고 있기 때문에 PMI 작업을 주도할 리더 후보군이 된다. 따라서 인수자가 전체적인 PMI 전략을 계획하고 실행하기 위해서는 이러한 핵심인력 파악은 반드시 필요하다.

PMI 측면에서 중요한 부문에 핵심인력이 존재하지 않는 경우에는 인력을 재배치하는 것을 고려해야 하며, 만약 대상기업에 인력자원이 부족하다면 인수기업에서 해당 분야에 유능한 인력을 파견거나 신규로 채용하는 것을 검토해야 한다.

인사관리 및 보상체계에 대한 점검

M&A 이후 피인수기업의 조직원들이 직접적으로 느끼는 변화 중 큰 부분은 인사와 관련한 사항이다.

거래가 종결된 직후에는 일반적으로 인사이동, 직급 변경 및 보상체계 변동 등이 시행되기 때문에 피인수기업의 조직원들은 구조조정이나 인사 이동 등으로 인한 변동에 불안해하며 이직을 고려하는 경우가 발생할 수 있다. 기업의 핵심인력들 또한 마찬가지로 이러한 고민과 걱정을 한다. 따라서 M&A 직후 핵심인력이 이탈하는 것을 막기 위해서는 이들과 충분한 커뮤니케이션과 관리가 필요하다.

특히 인수기업의 보상체계 수준이 피인수기업보다 낮은 경우 피인수기업의 조직원들은 M&A 이후 보상이나 복지 수준이 이전보다 악화될 것을 걱정하게 된다. M&A 인수자는 이러한 부분에 대하여 미리 대응전략을 수립하고 커뮤니케이션을 명확히 하여 조직원들을 안심시켜야 한다.

회사명, 브랜드 네임에 대한 의사결정

회사명이나 브랜드 네임을 유지할 것인지, 변경할 것인지, 만약 변경한다면 어느 시점에 할 것인지는 PMI에서 매우 중요한 사항이다. 회사명이나 브랜드 네임의 변경은 PMI 전략에서 큰 부분을 차지하며 PMI를 가속화하는 주요한 방법의 하나로 사용되기도 한다.

그러나 M&A 후 회사명이나 브랜드명을 바꾸는 시점은 신중히 선택할 필요가 있다.

거래 직후 명칭을 바꾸게 되면 기존 거래처나 고객의 이탈을 유발할 수도 있기 때문이다. 많은 M&A에서 거래 후 명칭을 일정한 유예 기간을 두고 바꾸는 이유는 바로 이러한 이슈에 기인한다.

특히 소비재 산업의 경우 회사명이나 브랜드명의 변경에는 상당한 비용(포장지, 간판, 영업용 차량 로고 변경 등)이 수반되므로 이를 고려한다면 실사 단계부터 관련 비용에 대한 규모를 파악해야 한다.

업무보고 절차의 변경

업무보고 절차에 대한 사항 또한 기업 조직원들에게 큰 영향을 미친다. 예를 들면, 부서장 전결로 처리되던 사항이 대표이사 결제사항으로 변경된다면 조직원들 입장에서 이는 큰 변화로 받아들여진다.

업무보고 절차나 프로세스와 같은 부분은 조직문화와도 연계된다. 이러한 업무보고 시스템의 변경은 조직의 의사결정 속도와 기업활동에도 큰 영향을 준다.

전산 시스템 통합

전산 시스템의 통합 또한 PMI 작업에서 중요하다. 특히 금융업 등 전산 시스템이 중요한 산업은 PMI에서 전산 시스템 통합이 차지하는 비중이 매우 크다.

기업의 모든 활동은 전산 시스템으로 통제되므로 전산 시스템이 완벽하게 통합되는 시점을 PMI의 중요한 이정표로 보기도 한다.

인수자는 인수 작업 초기부터 대상기업 전산 시스템의 종류와 사용 범위 그리고 인수기업과의 통합 가능성 등을 종합적으로 검토해야 하며 그 통합 스케줄을 세밀하게 계획해야 한다.

업무의 장소

M&A 거래 이후 대상기업의 사무실 등 업무 장소가 변경되는 일은 흔하게 일어난다. 예를 들면 기업 본사의 통합으로 피인수기업이 인수 기업의 건물로 이전하는 경우 등이다.

업무 장소의 변경은 조직원들의 생활에 직접적인 영향을 미치므로 사전에 충분한 검토가 이루어져야 한다. 특히 업무를 수행하는 장소가 기존 장소에서 원격지로 변경된다면 조직원들의 급격한 이탈이 일어나는 경우가 있으므로 신중히 고려해야 한다.

재무보고 사항의 통합

　인수기업과 피인수기업의 회계처리 기준, 회계 기간 등 재무보고 관련 사항이 다른 경우에는 인수 초기 단계에서 일치시킬 필요가 있다. 특히 인수기업과 피인수기업의 회계처리 기준이 다르다면 인수 이후 재무성과 관리나 경영성과 평가에 어려움을 겪을 수 있기 때문에 가급적 빠른 시일 내에 기준을 일치시키는 것이 좋다 .

　인수기업이 상장기업이고 피인수기업이 비상장기업인 경우 재무보고 절차의 통합은 더욱 중요하다. 상장기업은 M&A의 효과가 재무적으로 어떻게 나타나는지에 따라 주가에 영향을 미칠 수 있기 때문에 주식 시장 참여자들의 주요 관심사항이 된다. 따라서 거래 당사자가 상장기업인 경우에는 M&A 거래가 미칠 수 있는 재무적 효과에 대하여 미리 시뮬레이션을 해보는 것이 바람직하다.

현장 접근

　PMI 실행에서 중요하게 고려할 점은 인수기업이 점령군처럼 행동하면 절대 안 된다는 것이다. M&A에서 인수기업이 점령군처럼 행동하여 PMI 작업이 실패로 돌아가는 사례를 종종 목격할 수 있다.

　과거 많은 M&A의 PMI 진행 과정을 지켜보면서 느낀 것은 PMI를 실행하는 주체는 인수기업이 아니라 대상기업의 임직원이라는 사실이다. 대상기업의 임직원이 움직이지 않는다면 결국 아무것도 변하지 않기 때문이다.

PMI의 성공적 실행을 위해서는 대상기업 임직원들에 대한 감성적 접근과 공감대 형성이 필요하며 이를 위해서는 현장에서의 소통이 필수적이다. 이러한 소통의 방법으로 1:1 면담, 체육대회, 회식 등의 방법이 이용되기도 한다. 특히 인수 초기에 이러한 공감대를 형성하는 것이 매우 중요하다.

과거 KKR이 OB맥주를 인수한 후 CEO로 선임된 장인수 대표는 인수 후 1년간 전국 영업사원들과 새벽에 해장국을 같이 먹으며 소통하고 수시로 임직원들과 간담회 등의 자리를 마련하여 신뢰를 쌓아간 것이 PMI 성공의 주요한 요인이었다고 말한 바 있다.

PMI는 책상 앞에서 논의되기보다는 결국 현장에서의 소통으로 실행되어야 하는 것이다.

The Art of M&A Deal | **M&A 거래의 기술**

5

CHAPTER

一

매도인의 고려사항

一

기업 매각의 이유

"왜 매각하려고 하는 것인가요?"

M&A 매각자문 업무를 할 때면 투자자에게 가장 많이 듣는 질문이다. M&A 시장에 처음 매물로 나온 기업을 두고 시장은 매도인이 왜 기업을 매각하려고 할까를 가장 먼저 궁금해한다.

M&A 시장은 정보의 비대칭성이 매우 큰 시장이다. 매도인은 기업에 대하여 많은 정보를 가지고 있는 반면, 매수인이 파악할 수 있는 해당 기업에 대한 정보는 제한적일 수밖에 없으므로 거래대상에 대한 정

보 보유의 차이는 매우 크다.

이렇게 거래대상 중 한쪽이 더 많은 정보를 가지고 있을 때 정보비대칭(Information Asymmetry)이 발생하며 이것은 역선택(Adverse Selection)을 가져올 수 있다. 따라서 투자자들은 M&A 거래를 검토할 때 혹시 레몬(M&A 거래에서 있어서는 좋지 않은 기업)을 매수하게 되는 것이 아닐까 라는 우려를 하게 된다.

M&A에 나서는 매도인은 좋은 조건으로 매각하기 위해 기업의 장점과 매력을 강조하며 거래를 소개하지만, 매수인 입장에서는 "그렇게 좋은 회사를 왜 팔려고 하지?"라는 의문을 가지는 것은 어찌 보면 당연하다.

기업 매각을 추진하는 매도인은 제각기 이유를 가지고 있다. 따라서 매도인은 본격적인 매각을 추진하기에 앞서 그 이유에 대하여 스스로 입장을 정리해 볼 필요가 있다.

경영권 승계가 어려운 경우

오랜 기간 동안 기업을 경영했음에도 경영권을 승계할 마땅한 차기 지배주주를 확보하기 어려운 경우다.

기업가는 인간이라는 유한한 존재이기에 언젠가는 은퇴를 고려할 수밖에 없다. 기업가 역시 나이가 들어가면서, 건강상의 이유로 또는 다른 삶을 찾아나서기 위해 은퇴를 고려한다.

기업가는 본인의 은퇴 이후에도 기업이 지속적으로 성장해 나갈 수 있을 것인가에 대한 고민을 하게 되는데, 경영권을 승계받을 후보가 주변에 마땅치 않다면 기업의 지속과 장기적인 발전을 위해 경영권 매각이라는 대안을 고려하게 된다. 또 경영권 승계의 후보가 있다고 하더라도 그 과정에서 소요되는 세금 등 여러 가지 제약사항으로 적절한 승계가 어려울 것으로 판단하는 경우에도 경영권 매각이 추진된다.

특히 소유와 경영이 분리되지 않은 상태로 오랫동안 운영되었던 기업이 이러한 사유로 M&A 시장에 나오는 경우가 많다.

사업재편의 목적

기업은 지속적인 성장을 위해 영위하고 있는 사업의 변화를 도모하기도 하고, 다른 사업으로 방향을 전환하기도 한다. 기업가는 경영 환경의 변화에 따라 선택과 집중에 대한 의사결정을 수시로 하게 되는데 이 과정에서 기업매각을 고려할 수 있다.

과거 두산그룹이 소비재 중심의 사업에서 산업재 중심의 사업으로 그룹의 사업 포트폴리오를 변경하면서 소비재 산업군에 속해 있던 많은 계열사를 M&A로 매각한 바 있는데, 이는 사업재편을 위한 기업매각의 대표적인 사례라고 할 수 있다.

법률이나 규제 등에 의하여 불가피하게 사업재편이 필요한 경우도 있다. 예를 들면, 금산분리와 관련된 법률에 의하여 금융회사가 비금융회사를 매각하거나 비금융회사가 금융회사를 매각하게 되는 경우가 그렇다.

기업구조조정의 요구

기업구조조정에 의한 매각은 부실화된 기업을 채권자들이 중심이 되어 매각에 나서는 경우와 유동성이 필요한 기업이 채무변제 등 현금 확보의 목적으로 소유한 다른 기업을 매각하는 경우로 나누어 볼 수 있다.

부실화된 기업 자체를 매각하는 경우는 주로 채권자가 채권을 보전하기 위해 유상증자 방식의 거래구조를 기반으로 하여 최대주주 변경을 추진하는 거래가 많고, 유동성이 필요한 기업이 보유한 자회사 등을 매가하는 경우에는 대출약정 등 채권자와의 협의에 따라 기업을 매각하는 거래가 많다.

워크아웃 기업 또는 회생 절차 진행 중인 기업을 대상으로 하는 M&A는 전자의 예이며, 기업이 차입금 상환 재원을 마련하기 위해 자회사를 매각하는 거래는 후자의 예로 볼 수 있다.

자본이득 실현 목적

경영권 지분을 보유한 주주가 단순히 자본이득의 실현을 목적으로 매각을 추진하는 경우도 있다. 사모펀드가 경영권 지분거래로 대주주 지위를 획득한 후 일정 기간이 지난 후 해당 지분을 매각하여 현금화 (Exit)하는 것이 대표적이다.

최근에는 과거와 달리 기업가들도 자본이득을 목적으로 기업 매각에 나서는 경우를 많이 목격할 수 있다. 스타트업이나 벤처기업을 운영해 온 기업가들이 은퇴에 관계없이 자본이득을 목적으로 기업을 매각하는 경우를 흔히 볼 수 있다. 이들은 기업을 매각하여 막대한 현금을 확보한 후, 다른 사업을 찾아 재창업에 나서기도 한다.

사고 싶은 기업, 팔 수 있는 기업

> **바보라도 경영할 수 있는 기업에 투자하라.**
>
> − 워런 버핏 −

M&A 매각을 시도한다고 해서 거래가 성사되는 것은 아니다. 매각을 추진하더라도 매수 희망자가 없기도 하며, 매수 희망자가 있더라도 거래 과정 중에 무산되기도 한다.

M&A로 기업 매각을 성사시키는 것은 결코 쉬운 일이 아니다. 거래가 성사되려면 일단 매수 희망자가 있어야 하고, 또 매수 희망자의 검증 과정을 통과해야 한다. M&A는 여러 내부 및 외부 변수와 거래 환경의 영향을 받는데, 거래 과정에서 발생하는 수많은 이슈사항이 해결되어야만 거래가 성사될 수 있다.

기업 매각을 성공적으로 성사시키기 위해 매도인이 고려해야 할 사항 몇 가지를 살펴보자.

핵심 역량이 있어야 매각할 수 있다

M&A를 추진하고자 하는 매도인은 먼저 '기업의 핵심 역량이 무엇입니까?'라는 질문에 답할 수 있어야 한다. 기업의 핵심 역량은 강력한 브랜드일 수도 있고, 숙련된 인력일 수도 있으며, 좋은 위치에 잘 지어진 공장이 될 수도 있다. 즉, 핵심 역량은 기업의 강점이나 차별화된 매력 중에 있다.

기업을 매각하고자 한다면, 매도인은 스스로 기업의 매력이 무엇인지 생각해 보아야 한다. M&A는 기본적으로 매수 희망자가 존재해야 거래 논의를 시작할 수 있는데, 만약 어필할 수 있는 매력이 없다면 매수 희망자를 찾기 어려울 수 있다.

과거 자문을 하면서 느낀 바로는 투자자에게 어필할 수 있는 기업의 강점이나 매력이 최소한 한 가지라도 있어야 매각이 가능하며, 강점이나 매력이 많으면 많을수록 매도인이 원하는 조건으로 거래가 성사될 가능성은 높아진다.

기본적으로 투자자가 대상기업에 매력을 느껴야 M&A 논의가 시작된다. 기업 매각을 추진하고자 한다면 매도인은 입장을 바꾸어 본인이 인수한다고 생각하고 기업의 어떠한 면을 강점이나 매력으로 볼 것인지 어떠한 점을 리스크로 볼 것인지 생각해 보아야 한다.

기업이 가진 강점을 파악했다면 그것을 더욱 강조할 방안이 있는지, 리스크가 있다면 그것을 없애거나 보완할 수 있는 방법이 있는지 살펴보아야 한다. 매도인은 이러한 과정을 통해 스스로 M&A의 성공 가능성을 가늠해 볼 수 있다.

개인의 역량에 좌우되는 기업은 매각이 어렵다

기업의 핵심 역량은 그 기업에 내재되어 있어야 의미가 있는 것이지, 기업의 핵심 역량이 특정 개인에게서 나오는 것이라면 오히려 M&A에 해가 된다.

창업자 개인이 오랫동안 경영해 온 소규모 기업 또는 신기술 개발을 주업으로 하는 벤처기업 등은 기업의 핵심 역량이 곧 개인의 역량인 경우가 많다. 이런 기업가들은 대부분 본인이 어떻게 기업을 일구어 왔는지, 기업에서 얼마나 큰 역할을 하고 있는지에 대해 큰 자부심을 가지며 본인의 역량을 대외적으로 어필하려는 경향이 있다. 그런데 이러한 개인의 역량은 오히려 기업을 매각하고자 하는 상황에서는 마이너스 요인이 될 수 있으므로 유의하여야 한다.

기업은 일정 규모를 넘어서면 시스템으로 운영되어야 한다. 즉, 특정 개인이 기업을 떠나더라도 기업가치에 훼손이 없도록 시스템이 자리 잡혀 있어야 하는 것이다. 만약 경영권 지분의 소유자가 변경되는 것 자체만으로 기업가치가 훼손된다면 그 M&A 거래는 성사가 쉽지 않을 것이다. 기업에 조직과 시스템이 갖추어지지 않고 특정 개인에게 지나치게 의존하는 수준에 머물러 있는 기업은 M&A 시장에서 인정받기 어렵다. 투자자들이 그만큼 기업에 리스크가 높다고 판단하기 때문이다.

프랜차이즈 사업 등 소비재 산업에서 창업자 본인의 이름을 따서 회사 이름을 짓거나 브랜드 네임을 정하는 경우가 많은데, 이러한 기업은 창업자가 경영권을 매각하고 떠나게 되면 기업가치가 급변할 가능성이 높다. 창업자 개인의 이름을 내세운 교육 기업이나 프랜차이즈 기업이 매각을 추진했다가 시장에서 매수자를 찾지 못하는 경우를 종종 볼 수 있는데 바로 이러한 부분이 영향을 미쳤다고 볼 수 있다.

M&A는 기업의 모든 것들을 아우르는 조직과 시스템을 거래하는 것이다. 기업은 초창기에는 창업자 중심으로 운영되어 창업자가 곧 기업인 상태가 많지만, 어느 정도 규모가 커지고 성장할수록 인력, 제품 및 서비스, 브랜드 등이 결합된 하나의 시스템으로서 가치를 갖는다. M&A 관점에서는 기업이 조직과 시스템으로 견고한 가치를 가질수록 거래의 성공 가능성도 커지며 매각가치도 높게 인정받는다. 따라서 경영권이 변동되더라도 기업가치에 훼손이 없는 기업을 만드는 것이 기업 매각의 성공 가능성을 높이는 것이다.

최적의 매각 타이밍

"내년 실적이 최고를 찍을 것 같으니 내년이 지나서 매각하는 것이 좋지 않을까요?"

상담을 하다 보면 종종 매도인으로부터 이런 말을 듣는다. 이 상황에서 내년이 지나 매각을 시작하면 바로 진행하는 것보다 거래금액이 높게 형성될까?

M&A를 검토할 때 투자자들이 가장 우려하는 상황은 거래 직후 대상기업의 실적이 안 좋아지는 것이다. M&A 진행 과정에서 대상기업의 매출액 등 실적이 과거보다 좋지 않은 추이를 보인다면 투자자는 보수적인 관점에서 접근할 수밖에 없다. 이러한 상황에서 발견되는 기업의 단점이나 이슈는 투자자에게 더욱 크게 다가올 것이며 작은 이슈 하나가 거래를 완주하기 어려운 상황을 만들 수도 있다.

거래금액을 극대화하는 것도 중요하지만 거래금액의 극대화라는 것은 거래가 성사되어야 의미가 있는 것이다. 매도인은 기본적으로 거래가 성사될 수 있는 상황에서 거래금액을 극대화하는 방법을 모색해야 한다.

M&A는 기업의 실적이 상향하고 있는 추세에서 성공 확률이 높아진다. 그리고 M&A의 거래가격은 대부분 이러한 추세를 고려하여 결정되기 때문에 성장의 가치는 거래금액에 자연스럽게 반영된다.

결국 매도인 입장에서 기업 매각의 최적 타이밍은 기업의 실적이 정점을 찍고 하락하는 일만 남은 시점이 아니라, 오히려 성장을 지속해 나가는 시점인 것이다.

지금 매수 희망자가 줄을 설 정도로 많다고 해서 내년에도 같은 환경이 계속되리라는 보장은 없다. 기업을 성장시키는 것도 중요하지만, M&A 거래를 하고자 한다면 최적의 매각 타이밍을 찾는 것이 더욱 중요하다.

옥션 딜 vs 프라이빗 딜

매도인이 처음부터 하나의 거래 상대방과 개별적인 협의를 통해 진행하느냐, 아니면 다수의 투자자 후보를 대상으로 투자자 마케팅을 진행하느냐에 따라 M&A 절차와 전략적 고려사항이 달라진다.

통상 처음부터 하나의 거래 상대방과 협상을 통하여 거래를 진행하는 것을 프라이빗 딜이라고 하고, 다수의 투자자 후보군을 대상으로 거래를 마케팅하고 투자자 간 경쟁을 유도하는 거래를 옥션 딜이라고 한다.

매도인이 먼저 주도하여 기업 매각을 추진하는 경우에는 대부분 옥션 딜 형태로 진행된다. 매도인 입장에서는 아무래도 다수의 잠재적 투자자를 거래 진행절차에 초대하여 경쟁입찰 형태로 진행하는 것이 매각금액 극대화 측면에서 유리하기 때문이다.

프라이빗 딜과 옥션 딜은 그 특징과 진행 절차가 각각 다르므로 매도인 입장에서 거래 진행 형태에 따른 차이를 정확하게 이해할 필요가 있다.

프라이빗 딜 vs 옥션 딜

구분	프라이빗 딜(Private deal)	옥션 딜(Auction deal)
개요	매도인과 매수인이 개별적인 협상에 의하여 거래 절차와 거래조건을 정하는 방법	매도인이 거래 절차와 방법에 대하여 일정한 원칙을 정하고 매수에 관심 있는 투자자를 대상으로 거래조건에 대하여 입찰하도록 하고, 최적 조건을 제시한 투자자와 거래하는 방법
특징	• 매수인이 먼저 매도인에게 접촉하여 딜을 시작하는 경우가 많음 • 절차, 일정, 거래조건 등에 대하여 진행 단계마다 협상에 상대적으로 긴 시간과 많은 비용이 소요됨 • 시장 또는 언론에 거래에 대한 정보유출이 제한적임 • 매도인 입장에서는 매각금액 극대화의 추구에는 한계가 있음 • 거래조건에 대한 합의가 쉽지 않을 경우 거래가 지나치게 지연되거나 거래 자체가 무산될 수 있음 • 거래 협상력이 매수자에게 있는 경우가 많음	• 매도 의사를 가진 매도인이 주도적으로 투자자를 물색하고 유치함 • 매도인이 정하는 일정한 절차와 일정에 따라 거래가 진행되므로 일정과 절차가 상대적으로 명확하고 예측 가능함 • 거래 진행에 대한 정보유출 가능성이 상대적으로 높음 • 다수의 투자자가 관심을 가질 경우 매도인 입장에서 매각금액 극대화에 유리함 • 거래조건이 입찰로 명확화되어 합의가 상대적으로 용이함 • 거래가 성사되지 않을 경우 거래를 다시 추진하기 어려울 수 있음

프라이빗 딜

프라이빗 딜은 상대방이 거래 의사가 있는지 알 수 없는 상태에서 거래 의향 여부를 확인하는 절차부터 시작된다. 프라이빗 딜은 거래 초기에 거래 의향을 확인하는 데에 많은 시간과 비용이 투입되며, 일정과 절차 등 많은 사항을 개별적인 협상으로 정하므로 상대적으로 긴 시간이 소요되는 경우가 많다.

프라이빗 딜은 주로 대상기업의 인수에 관심이 있는 매수인이 매도인과 접촉하여 매수의사를 표시하면서 거래를 시작한다. 매도인 쪽에서 프라이빗 딜을 시작하는 경우도 있지만 대부분의 프라이빗 딜은 매수인 쪽에서 거래가 시작된다.

통상 매수인은 프라이빗 딜을 선호하는 편인데, 다른 투자자와의 경쟁 없이 매도인과 직접 협상하여 거래조건을 정하기 때문에 아무래도 가격적인 측면에서 유리한 조건으로 거래할 가능성이 높다는 이점이 있기 때문이다.

한편 매도인 입장에서는 매수 희망자가 접촉하여 왔을 때 다른 매수 후보자도 초대하여 옥션 딜로 진행 방향을 결정할 수도 있다. 이때 매도인은 옥션 딜로 방향을 정하기 전에 다른 매수 희망자가 존재하는지, 옥션 딜로 진행하더라도 기존 매수 희망자가 참여할 것인지 등 성공 가능성을 신중하게 가늠해 보는 것이 좋다. 매도인이 옥션 딜로 진행한다는 의사를 표시하는 경우 자칫 먼저 프라이빗 딜을 제안해왔던 매수 희망자가 거래를 포기할 수도 있기 때문이다.

옥션 딜

옥션 딜은 매도인이 일종의 입찰 절차를 M&A에 도입하여 기업의 매각 거래를 진행하는 것이다. 옥션 딜에서는 매도인이 주도적으로 거래를 추진하게 되는데, 원하는 일정과 절차를 미리 설계하여 매수 후보자들을 거래에 초대하고 입찰 절차를 통해 최고 조건을 제시한 매수자를 선택하여 거래를 하게 된다.

옥션 딜은 비공개 경쟁입찰 방식과 공개 경쟁입찰 방식으로 구분해 볼 수 있다. 옥션 딜은 비공개로 제한된 입찰 방식으로 진행하는 경우가 일반적이지만 법원, 금융기관, 공공기관 등의 주도로 진행되는 매각 거래는 공정성과 투명성을 담보하기 위해 공개 경쟁입찰 방식으로 진행되는 경우가 많다.

비공개 경쟁입찰 방식은 입찰 방식을 선택하면서도 거래 진행 정보의 노출을 최대한 제한할 수 있다는 장점을 가지며, 공개 경쟁입찰 방식은 매각 사실을 공개적으로 진행하면서 다수의 잠재적 투자자에게 매각 진행 사실을 알리고 투자자의 참여와 경쟁을 극대화할 수 있다는 장점을 갖는다. 공개경쟁입찰방식은 당초 생각지 못했던 잠재적 투자의 거래 참여를 기대할 수 있으나, 매도인이 만족할 만한 매수 제안이 나오지 않은 경우 거래를 재개하기 어려울 수 있다는 점을 유의하여야 한다.

프로그레시브 딜(Progressive Deal)

프로그레시브 딜은 본입찰에 참여한 인수 후보들을 대상으로 다시 가격 경쟁을 붙여 매각금액을 높이는 매각 방식이다.

최종 낙찰자가 나올 때까지 계속해서 가격 경쟁을 진행시킨다는 점에서 경매 절차와 유사하여 경매호가 입찰 방식으로 불리기도 한다.

예를 들면, 매각자가 진행한 입찰에 참여한 A, B, C 중 A가 가장 높은 금액을 제시하였으나 B, C도 강한 인수 의지를 가지고 유사한 금액을 제시하였다면 B와 C에게 A가 제시한 금액보다 높은 금액을 제시하도록 유도하여 가격을 다시 제안받고, A에게도 또다시 입찰가격을 제안하게 하여 계속적으로 호가를 높이는 방식이다.

과거 태림포장, ING생명, KT렌탈, 홈플러스, 현대증권 등의 매각거래에서 프로그레시브 딜 방식이 이용된 것으로 알려져 있다.

프로그레시브 딜 방식은 매각금액을 계속적으로 높여 극대화시킬 수 있다는 장점이 있으나 입찰을 진행한 이후 또다시 재입찰을 진행하는 형태이므로 투자자에게 불신을 줄 수 있으며 이 때문에 투자자가 거래에서 이탈할 수 있으므로 유의하여야 한다.

프로그레시브 딜은 매수 희망자들 간에 경쟁이 치열한 상황에서 고려될 수 있다. 매수 후보자들이 대상기업의 매수에 관심이 있는 경쟁자이면서 해당 산업 내에서도 경쟁자인 경우 프로그레시브 딜에 적극적으로 참여할 가능성이 높다.

매각의 준비

기업 매각을 추진하기로 결정했다고 해서 무턱대고 아무런 준비도 없이 투자자를 찾아 나설 수는 없다.

매각 추진을 결정했다면 먼저 매각을 어떠한 절차로 진행할지, 어떤 방법과 구조로 진행할지 미리 계획하고 준비해야 한다. 준비가 되지 않은 상태에서 섣불리 투자자를 찾아 나서는 행동은 매도인이 M&A를 추진하려 한다는 정보만 노출시킨 채 시장에 혼란만 야기할 수 있으므로 매우 위험한 행동이다.

매도인은 먼저 매각대상과 거래구조를 명확히 하고, M&A와 관련한 이슈를 충분히 검토한 이후에 투자자 마케팅에 나서야 한다.

- 매각 대상의 결정
- 매각자문사 등 자문사 선정
- 사전적인 가치평가
- 실사 및 투자자 제공자료(IM 등) 준비
- 잠재적 투자자 후보군 파악

매각 대상의 결정

매도인이 거래를 추진하기 전에 가장 먼저 해야 할 일은 매각의 대상을 결정하는 것이다. M&A로 기업의 사업부를 영업양수도 방식으로 매각할 것인지, 아니면 대상기업의 지분을 매각할 것인지 등을 정해야 한다.

지분거래의 경우에도 매도인이 보유한 지분 중 얼마만큼 매각할 것인가를 정해야 한다. M&A라고 해서 전체 보유지분을 매각하는 것은 아니며 경영권을 행사할 수 있는 수준의 지분비율 이상이면 된다. 예를 들면, 기업의 100% 지분을 보유하고 있는 매도인은 투자자에게 지분 70%는 양도하고 30% 지분만큼은 양도 이후 일정 기간 동안 보유했다가 추후에 매각할 수도 있다.

매각대상을 보유지분 전체로 할지, 또는 경영권 행사가 가능한 수준의 일부 지분만으로 할지는 매도인이 거래 성사 가능성과 매각대금 극대화에 어떤 방법이 유리한지 등을 종합적으로 검토하여 결정하면 된다.

사업을 잘 아는 동종산업의 전략적 투자자는 통상 매도인이 가진 지분을 전부 인수하는 방법을 선호하는 경향이 있다. 그러나 사모펀드와 같은 재무적 투자자나 이종산업을 영위하는 전략적 투자자는 경영권 변동 직후의 급격한 변화를 피하고자 매도인이 일정 기간 동안 지분을 보유하는 것을 선호하기도 한다.

매도인의 지분율이 충분히 높은 경우 일부 지분은 남기고 경영권 지분만을 거래하는 방법을 통해 투자자의 자금 부담을 줄여 주고 매각 성사 가능성을 높일 수도 있을 것이다. 만약 투자자가 기업가치를 크게 높일 수 있다고 판단된다면 매도인 입장에서 지분 전체를 매각하는 것보다는 일부 지분을 남겨 두는 것이 좋은 전략이 될 수 있다.

AHC브랜드로 유명한 카버코리아의 최대주주였던 이상록 회장은 2016년에 베인캐피털 컨소시엄에 경영권 지분 약 60%를 4,300억 원에 매각하면서 35%의 지분은 매각하지 않고 남겨 두었다. 거래 이후 2017년에 베인캐피털 컨소시엄이 경영권을 유니레버에 매각할 때 이상록 회장은 남겨 두었던 35% 지분을 동반 매각하였는데 1조 원이 넘는 금액을 수령한 것으로 알려져 있다. 당시 카버코리아는 매년 급속한 성장을 거듭하던 상황이었고 매도인은 일부 지분을 남겨 두는 전략으로 기업가치 성장에 대한 과실을 향유할 수 있었다.

매각주간사 선정

M&A 거래를 추진할 때 대부분의 매도인은 거래가 종료될 때까지 전체적으로 관리하고 이끌어 갈 매각주간사를 선정한다. M&A 경험이 많은 사모펀드도 보유하고 있는 기업의 경영권 지분을 매각할 때에는 매각주간사를 선정하여 거래를 진행하는 경우가 많다. 매각의 준비부터 거래가 완료될 때까지 거래 단계별로 다양한 이슈가 발생하는데, 매도인 스스로 절차와 일정을 계획하고 각 단계별 이슈를 챙기고 검토하는 것은 쉽지 않기 때문이다.

이렇게 주간사를 선임하여 거래를 진행하는 데에는 여러 가지 이유가 있지만 가장 큰 이유는 협상력을 높이기 위함이다. 아무래도 매도인이 직접 거래를 진행하고 투자자와 커뮤니케이션을 하다 보면 본의 아니게 본심을 노출하거나 잘못된 커뮤니케이션으로 상대방의 오해를 불러올 수도 있다. M&A 과정에서 거래 주체의 직접적인 커뮤니케이션이 잘못되는 경우 그 잘못된 의사소통을 회복하는 것은 매우 어려우며 때로는 한 번의 잘못된 커뮤니케이션이 거래를 무산시키는 상황이 발생하기도 한다.

매도인은 주간사를 통해 의사소통함으로써 매수인과 직접적인 커뮤니케이션을 하지 않으면서 상대방의 의사를 파악하고 또 본인의 의사를 전달할 수 있다. 이렇게 주간사는 매도인과 매수인 사이에서 커뮤니케이션 채널의 역할을 한다.

주간사 역할을 수행하는 자문사는 글로벌 IB, 국내 IB, 회계법인, 부티크펌, 법무법인 등 다양한 형태가 존재한다. 어떤 형태의 자문사를 선정할지는 M&A 거래의 환경이나 대상기업의 특성을 고려해서 결정하면 된다. 큰 규모의 거래라면 해외투자자 마케팅이나 금융시장 네트워크에 강점이 있는 글로벌 IB를 매각주간사로 선정하는 경우가 많으며, 중소 규모 거래라면 회계법인, 부티크펌, 법무법인 등을 거래 성격에 맞게 선택하여 이용하는 경우가 많다.

M&A 거래의 주간사 업무는 많은 인원이 투입된다기보다는 소수의 핵심인력을 중심으로 업무가 수행되기 때문에 매각주간사 선정 시에는 실제 핵심인력의 M&A 관련 경험치와 커뮤니케이션 능력을 살펴보는 것이 중요하다.

사전적인 가치평가

매도인이 거래를 시작하면서 가장 중요하게 생각하는 것은 첫째로 경영권을 인수할 투자자 후보가 존재하는가, 둘째로 M&A 시장에서 어느 정도 가치를 인정받을 수 있는가이다.

매도인이 매각에 나서는 이유에는 여러 가지가 있지만 매각으로 매도인이 얻는 것은 결국 매각대금이기 때문에 매도인 입장에서 성공적인 매각의 조건은 최대의 매각대금을 얻는 것이라고 할 수 있다. 따라서 매도인은 거래를 시작하기 전 M&A 시장에서 대상기업이 어느 정도의 가치를 인정받을 수 있을지 가늠해 보아야 한다. 즉, 매도인은 사전에 기업가치를 산정해 볼 필요가 있는 것이다.

소규모 거래에서 매도인이 별도로 가치평가를 하지 않고 매각 절차부터 시작하는 경우를 종종 볼 수 있다. 특히 매도인이 개인이라면 대상기업에 대한 사전적인 가치평가 작업 없이 막연한 기대가격만을 가지고 거래를 시작하는 경우가 많다.

그러나 가치평가에 대한 검토 없이 거래를 시작한다면, 매도인은 자칫 기업의 적정 가치보다 낮은 가격으로 거래하게 될 수도 있으며, 투자자가 적절한 가치를 제안하였는데도 불구하고 막연히 높은 가격을 고집하여 좋은 거래를 놓칠 수도 있다.

매도인은 거래를 본격적으로 추진하기에 앞서 기업에 맞는 가치평가 방법을 적용해 평가해보는 것이 좋다. 쉽게는 동종업계의 유사한 거래를 수집하여 유사거래 비교법으로 평가해 볼 수 있을 것이며, 자문사를 통하여 가치평가에 대한 자문을 받는 것도 고려할 수 있다.

매각 추진 전 사전적인 가치평가를 통해 매도인은 희망 매각가격과 최소 매각금액의 기준을 설정할 수 있을 것이며, 이러한 사전 작업을 통해 효과적인 M&A를 진행해 나갈 수 있을 것이다.

매도자 실사

실사는 통상 매수인이 대상기업에 대하여 수행하는 것을 생각하기 쉽지만, 어느 정도 규모 있는 거래에서는 매도인 입장에서도 매각준비를 위한 실사(Vendor Due Diligence)를 수행하는 것이 일반적이다.

매도자 실사는 통상 재무실사와 법무실사를 중심으로 이루어지며 매도인은 실사 결과를 바탕으로 거래 이슈사항을 사전에 파악하고 M&A 매각 전략을 수립하게 된다.

M&A 진행 과정에서 예상치 못한 이슈가 불거지면 거래가 지연되거나 무산되기도 하며 거래 당사자나 이해관계자 간의 분쟁이 발생할 수도 있으므로 매도인은 거래를 본격적으로 추진하기 전에 실사를 통해 이슈사항을 체크하고 해결 방안을 마련해 놓아야 한다.

만약 매도인이 회계자문사나 법률자문사를 선임하여 매도자 실사를 수행하는 작업을 수행하지 못하더라도 매도인 입장에서 매각 추진 전 기업의 재무사항이나 법무사항 등을 전반적으로 검토해 보는 절차는 반드시 필요하다.

투자자 제공자료 준비

매도인은 투자자와 접촉 이전에 기업에 대한 투자설명서(IM, Information Memorandum) 등 기업을 소개할 수 있는 자료를 준비한다. IM과 투자자에게 제공할 자료의 준비는 통상 매각주간사가 담당한다.

투자설명서는 통상 IM이라고 부르며, IM에는 기업의 개요, 산업 현황, 사업 현황, 자산 현황, 재무 현황 등 회사의 전반적인 사항을 기재하며, 기업의 핵심 역량 등을 기술한 투자 포인트(Investment Highlights)를 포함하는 것이 일반적이다. IM은 투자자가 한눈에 기업에 대한 현황을 파악할 수 있도록 기업 전반에 대한 정보를 포함한 기업 소개서이자 거래에 대한 소개서라고 할 수 있다.

매도인은 투자자 마케팅에 나서기 전에 투자자에게 제공할 기업정보를 수집하고 정리한다. 이 단계에서 기업정보의 비밀 수준을 구분하여 상세실사 이전 단계에서 제공할 수 있는 정보와 상세실사 단계에서 제공할 정보를 분류하며 데이터룸(Data Room) 구축을 준비한다.

투자자 마케팅에 나서기 전에 준비해야 할 중요한 자료 중 하나는 대상기업의 향후 5개년간의 추정손익이 포함된 사업계획 자료다. 매수인은 투자를 검토하는 과정에서 기업에 대한 가치평가를 하게 되는데, 이때 대상기업의 사업계획을 기반으로 해당 계획의 실현가능성을 검증하고 시너지 등을 평가하면서 기업의 가치를 평가한다. 따라서 매도인은 사전에 대상기업의 구체적인 사업계획을 확인하고 자료를 준비해놓는 것이 바람직하다. 매도인 또한 이러한 사업계획을 기반으로 미리 대상기업의 가치를 가늠하고 희망 매각가격과 최소 매각금액 등을 설정해볼 수 있을 것이다.

잠재적 투자자 후보군 파악

공개적으로 진행되는 공개 경쟁입찰 거래를 제외하고는 M&A에 있어서 거래 초기 단계부터 거래 진행 사실을 외부에 공개하는 경우는 많지 않다. 대부분의 거래에서는 매각자문사가 잠재적 투자자를 개별적으로 접촉하여 거래 진행 사실을 알리고 투자자를 거래에 초대하게 된다.

매도인은 어떠한 투자자들을 대상으로 접촉할 것인지 잠재적 투자자 후보군을 미리 정해 놓는 것이 바람직하다. 통상 대상기업에 관심을 가질 만한 투자자들 중에서 예상 거래금액 수준을 조달할 능력이 있다고 판단되는 후보자를 투자자 후보군으로 리스팅한다. 이러한 리스팅 작업은 거래 진행에 방해가 되거나 거래 가능성이 없는 투자자 후보군을 제외시키는 작업을 포함한다.

대상기업이 이익을 충분히 창출하고 있으며 산업 내 선도기업인 경우에는 이종업계에서 신규 사업 진출 목적으로 거래를 검토할 수 있으므로 잠재적 투자자 후보자군을 상대적으로 넓게 가져갈 수 있으나, 대상기업의 이익률이 높지 않고 산업 내 선도기업이 아닌 경우에는 주로 동종업계에서 투자자 후보군을 접촉하게 되는 경우가 많다.

한편 거래 초기에 잠재적 투자자 후보자군을 파악할 때에는 대상기업 M&A에 관심을 가지고 적극적으로 참여할 수 있는 유력한 잠재적 투자자가 빠지지 않도록 유의해야 한다. 만약 거래 초기에 잠재 후보자군에서 유력한 인수후보자가 누락된 채 투자자 마케팅이 진행된다면, 최적의 조건으로 거래할 수 있는 상대방을 놓칠 수 있기 때문이다. 유력한 인수후보자를 뒤늦게 거래에 초대한다면 진행 일정을 조정해야 하기 때문에 거래가 상당히 지연될 가능성이 높다.

딜 브레이커

> 진흙탕이 가라앉고 물이 깨끗해질 때까지 기다릴 끈기가 있는가?
> 올바른 행동이 저절로 떠오를 때까지 움직이지 않을 수 있는가?
>
> — 도덕경 —

M&A 진행 중에 예상치 못했던 이슈가 발생하여 거래가 중도에 좌초되는 것을 자주 목격한다. 어떤 이슈 때문에 상대방과의 입장 차이가 발생하고 결국에는 협상이 결렬된다면 그 이슈는 결국 거래를 깨는 딜 브레이커(Deal-breaker)가 된다.

M&A는 거래 상대방뿐 아니라 소수주주, 종업원, 거래처, 금융기관, 정부기관 등 복잡하고 다양한 이해관계자가 존재하기 때문에 거래 과정에서 작은 이슈사항 하나가 분쟁을 야기할 수 있으며 이러한 분쟁이 딜을 무산시키는 단초가 될 수 있다.

매도인은 통상 자신이 기업에 대하여 잘 알고 있다고 생각하며 기업에 대한 본인의 지식을 과신하기 마련이다. 또한 대부분 기업에 긍정적인 관점과 전망을 가지므로 때로는 기업의 문제점이나 이슈사항을 객관적으로 보지 못하는 경우가 많다.

매도인은 본인이 대수롭지 않게 생각하는 이슈사항이 매수인 입장에서는 큰 리스크로 인식될 수 있다는 점을 유의하여야 한다. 가볍게 생각했던 이슈사항이 딜 브레이커로 작용할 수 있는 것이다. 따라서 매도인은 거래를 본격적으로 진행하기에 앞서, 딜 브레이커가 될 수 있는 잠재적 이슈사항을 사전에 점검하여 제거하거나 해결할 수 있는 방안을 모색해야 한다.

매도인은 M&A 자문사 등 매각 프로젝트팀이 꾸려지면 거래 진행 준비 단계부터 대상기업의 잠재 리스크를 프로젝트팀과 공유하는 것이 바람직하다. 매도인은 프로젝트팀과 리스크와 이슈사항을 공유하여 대응전략을 사전에 마련할 수 있을 것이며, 거래 진행 중 예상치 못한 딜 브레이커 때문에 거래가 좌초될 위험을 최소화할 수 있을 것이다.

매도인 입장에서 거래 추진 전에 체크하여야 할 대표적인 이슈사항들은 다음과 같다.

잠재적 부실

투자자는 초기 단계에서 매도인이 배포한 티저메모나 투자설명서를 기반으로 거래를 검토한다. 투자자는 상세실사를 수행하기 전까지는 대상기업에 대한 세부적인 재무정보 등 구체적인 사항을 파악하기 어렵다.

투자자는 기본적으로 매도인이 제공한 자료에 오류가 없다는 전제하에 거래에 참여할지 여부를 검토하고 M&A 절차를 진행한다. 그런데 매도인이 제공한 자료에 중대한 오류나 예상치 못한 부실이 발생한다면 투자자는 더 이상 거래를 진행하기 어려울 것이다. 특히 거래가 어느 정도 진행된 상태에서 중요한 오류나 부실사항이 발견된다면 거래가 중단되는 것을 물론이고 법적 분쟁으로까지 이어지기도 한다.

따라서 매도인 입장에서는 드러나지 않았던 부실이 존재하는지 여부를 미리 파악해보는 과정이 필요하다. 이해관계자가 많은 큰 규모의 거래 시에는 매도인은 거래를 추진하기 전에 매도자 실사 등의 절차를 통해 이러한 이슈사항이 있는지 반드시 파악해야 한다.

거래 추진 전에는 드러나지 않았던 부실로 거래가 무산된 대표적인 사례는 대우건설 매각추진 사례이다.

산업은행은 2017년 7월 매각주간사를 선정하면서 대우건설 매각을 시작하였으며 매각공고, 본입찰, 우선협상대상자 선정 등의 단계를 거치며 무리없이 진행되고 있었다. 그러나 거래 진행과정에서 대우건설 해외 사업장의 대규모 부실사항이 발견되었으며, 우선협상대상자로 선정되었던 호반건설은 2018년 2월 본입찰 과정에서 공개되지 않았던 해외 사업장의 부실을 이유로 인수 포기를 선언한 바 있다.

소송 등 우발채무

기업에 진행 중인 소송이나 클레임이 존재하고 이와 관련한 우발채무 규모가 큰 경우에는 M&A에서 거래 당사자 간에 거래가격 합의를 도출하기 어렵다.

우발채무가 존재하는 경우 통상 매도인은 우발채무의 현실화 가능성을 낮게 평가하려고 하고, 매수인은 우발채무가 현실화될 가능성을 높게 보는 경향이 있다. 만약 이러한 우발채무 리스크가 M&A 거래계약의 손해배상 규정이나 거래금액의 조건부 지불 방법 등으로 보완하기 어려운 수준인 경우에는 거래 진행 과정에서 거래가 중단되거나 무산될 수 있다.

소송, 클레임 등 큰 금액의 우발채무가 존재할 때는 매도인이 이러한 우발채무의 현실화 가능성에 대하여 전문가의 도움을 받아 법률검토 등을 미리 받아 보는 것이 좋다. 만약 해당 우발채무의 금액효과가 예상 거래금액 대비 큰 비중을 차지한다면 거래 해당 우발 상황의 결과가 나오기 전까지는 거래 진행을 유보하는 것이 나을 수 있다.

만약 진행 중인 대규모 소송이나 클레임이 있는 상태에서 M&A 절차를 진행한다면, 매도인은 투자자가 해당 우발채무에 대한 매도인의 의견을 물었을 때 제공할 답변과 관련 자료를 미리 준비해 놓아야 한다. 이때 매도인이 제공하는 답변은 투자자가 우발채무에 대한 판단을 할 수 있을 정도의 자료이어야 하며 가급적 객관적인 전문가 의견을 포함하는 것이 좋다.

주요 계약의 독소 조항

대상기업의 계약관계에 포함된 독소조항이 딜 브레이커로 작용하기도 한다.

매수인은 대상기업의 개선 가능 사항이나 시너지 효과에서 M&A의 전략적 가치를 찾기도 하는데, 기업이 제3자와 맺은 계약의 내용에 매수인의 M&A 추진 근거와 대립하는 사항이 존재하는 경우에는 큰 리스크가 될 수 있다.

대표적인 예는 상표권 등 지식재산권을 장기간 제3자에게 사용 허락한 계약, 장기간 과도한 수수료를 지급하기로 한 로열티 계약, 특정 지역에서 장기간 독점 총판계약 등이 있다.

이러한 계약 내용이 있으면 매수인 입장에서 자칫 거래 추진 근거가 무의미해질 수 있기 때문에 만약 이러한 내용이 실사 과정에서 발견되고 해당 이슈사항의 해결이나 조정이 불가능한 경우에는 매수인이 중도에 거래를 포기하는 요인이 될 수 있다.

예를 들면, 투자자가 자사의 전 세계 유통망을 이용하여 대상기업의 제품 판매 채널을 확대하는 것을 주요 투자 포인트로 보고 M&A를 추진하였는데, 실사 과정 중 주요 국가에서 10년간 독점 총판계약을 다른 제3자와 체결해 놓은 사항이 발견된다면 매수인 입장에서는 어쩔 수 없이 거래를 중단해야 하는 상황을 맞이할 수 있는 것이다.

계약관계에서의 'Change of Control' 규정

기업의 계약관계에서 경영권이 바뀌면 계약을 종료할 수 있도록 규정하거나 경영권에 변동이 생기면 상대방의 사전동의를 받도록 규정하는 경우가 있다. 보통 이를 'Change of Control' 규정이라고 하며, 주로 기업의 경영권이 변경되는 경우 계약 상대방이 그 시점에 계약을 지속할지 여부를 결정할 수 있는 권한을 가지는 형태로 규정된다.

대상기업에 이러한 규정이 포함된 계약이 존재하는 경우 계약 상대방이 M&A 거래에 동의한다면 큰 문제가 없겠지만, 만약 계약 상대방 입장에서 매수인을 불편하게 생각하거나 못마땅하게 생각한다면 Change of Control 규정을 이용하여 그 계약을 해지할 수도 있다. 따라서 이러한 규정이 포함된 계약이 기업의 중요한 계약인 경우에는 사실상 그 계약 상대방에게 M&A에 대한 동의를 구해야 하는 것이나 마찬가지 의미를 가진다.

즉, Change of Control 규정이 중요 거래처 매출계약, 핵심 원재료 매입계약 또는 로열티 계약 등 기업의 주요한 계약에 포함되어 있는 경우에는 M&A의 성사 여부가 해당되는 계약 상대방의 허락에 따라 달라질 수 있는 것이다. 이러한 경우 투자자는 해당 계약의 유지를 거래 종결의 전제조건으로 요구할 것이고 거래 상대방의 동의 또는 승인 여부를 거래종결 전에 확인하려고 할 것이다.

이렇듯 중요한 계약에 Change of Control 규정이 존재하는 경우에는 계약 상대방에게 거래 동의를 구하는 데에 시간이 소요되므로 매도인은 M&A 일정 계획에 추가적인 시간을 고려해야 한다.

매도인은 미리 기업의 주요 계약의 내용을 살펴보고 Change of Control 규정이 존재하는지 확인하고, 만약 있다면 그 계약이 M&A 거래 이후 지속될 수 있는지 사전에 검토해 보아야 한다.

M&A 매각 절차의 설계

기업 매각을 시작할 준비가 되었다면 어떠한 절차와 일정에 따라 거래를 진행하여야 할지 설계해야 한다.

매도인이 주도하는 M&A에서 거래 절차는 결국 최종적으로 거래할 상대방을 선택하기 위한 과정이다. 매도인은 M&A 절차의 설계를 통해 어떠한 단계를 거쳐 인수자를 선택할지 정한다. 이렇게 최종 인수자 선정을 위해 후보자군을 압축하는 과정을 통상 '쇼트 리스팅(Short-listing)'이라고 한다.

매도인은 일반적으로 거래를 시작한 후 본계약 체결까지 투자자 초대 단계, 예비제안 단계, 본제안 단계를 거쳐 최종 인수자를 선택하는데, 상황에 따라 거래 단계를 축소하기도 하고 늘리기도 한다.

M&A 매각 절차 설계시 고려사항

최종 인수자 선정까지 어떠한 절차와 단계를 거쳐 M&A를 진행할 것인지는 매수 후보자의 경쟁 상황, M&A 시장 환경, 비밀유지의 필요성 등을 종합적으로 고려하여 결정한다.

① 경쟁 상황

잠재적 매수 후보자가 많고 각 투자자의 인수 의지가 강하여 그들 간에 인수경쟁이 예상된다면 M&A 절차를 여러 단계로 나누고 최대한 투자자 간 경쟁을 유도하는 것이 유리하다. 반대로 인수 후보자가 처음부터 소수로 제한된다면 예비제안 단계 등을 생략하고 바로 본제안 단계만으로 최종 인수자를 선정하는 절차가 효율적일 수 있다.

② M&A 시장 환경

경기가 좋지 않거나 M&A 시장 환경이 우호적이지 않은 상황이라면 거래 일정이 길어질수록 인수 후보자의 생각이 바뀌어 중도 포기하는 등의 변수가 발생할 가능성이 높다. 이러한 상황에서는 여러 단계를 거치기보다는 예비제안 등의 단계를 거치지 않고 시간을 단축하여 본제안 단계만을 가져가는 것이 거래의 성공 가능성을 높이는 데 유리하다.

③ 비밀유지의 필요성

매도인 입장에서 M&A 진행 사실에 대한 정보유출을 제한하고 비밀리에 거래를 진행해야 하는 상황이라면 가급적 단계를 축소하는 것이 유리하다. 아무래도 여러 단계를 거칠수록 정보유출의 위험성 또한 커지기 때문이다.

거래 절차가 진행됨에 따라 매도인은 최종 인수자 선정을 위해 투자자 후보군을 압축하는데, 거래 단계가 진행될수록 투자자에게 제공되는 정보의 양은 점점 많아지고 정보의 수준 또한 깊어진다.

투자자 초대 단계

매우 간략하고 제한적인 정보를 잠재적 투자자에게 제공하여 거래에 관심이 있는지 확인하는 단계이다. 이 단계에서 매도인은 거래에 관심이 있고 거래를 이행할 수 있는 능력이 있는 잠재적 투자자를 확보하는 것이 중요하다.

거래에 관심이 있는 인수 후보자를 거래에 초대하는 단계로써 매도인은 대상기업에 대한 간략한 정보를 기재한 티저메모(Teaser Memo) 등 요약소개서를 잠재적 투자자에게 배포한다. 폐쇄적이고 비공개로 진행되는 거래에서는 최초 접촉 시 대상기업 명칭 등 세부정보는 공개하지 않은 티저메모가 이용되기도 한다.

공개적인 옥션 딜 형태로 진행하는 거래에서는 투자자에게 거래 진행에 대한 간략한 개요를 포함한 거래초대서(Invitation Letter), LOI 양식, 비밀유지계약서 양식 등을 패키지(Invitation Package) 형태로 제공하는 경우가 많다. 거래 참여 의향이 있는 잠재적 투자자는 매도인 또는 매각 자문사에 거래 의향을 표명하고 비밀유지확약서를 체결한다.

거래 진행 사실이 노출되지 않아야 하는 상황이라면 잠재적 투자자 접촉에 신중해야 한다. 잠재적 투자자를 접촉하여 거래 진행 사실을 안내하였으나 해당 투자자가 거래에 관심이 없다면 자칫 거래 진행에 대한 정보만 노출시키는 결과를 초래할 수 있기 때문이다.

매도인은 가급적 거래 진행 사실을 노출하지 않기 위해 접촉대상 후보자 그룹을 구분하여 1차적으로 거래에 관심이 높을 것으로 예상되는 잠재 후보자로 한정하여 접촉해 투자자의 반응을 확인해본 후 접촉대상을 확대할시 여부를 결정하는 방법을 고려할 수 있다.

예비제안 단계

매도인은 비밀유지계약을 체결한 잠재적 투자자를 대상으로 일반에 공개되지 않은 기업의 정보를 제공한다.

이렇게 투자자의 예비제안을 위해 매도인이 정보를 제공하고 투자자가 검토하는 과정을 통상 예비실사라고 한다. 투자자는 예비실사 단계에서 대상기업에 대한 정보를 검토하며 거래금액에 대한 예비적 제안을 위한 가치평가를 진행하게 된다.

매도인이 거래가격 등 거래조건을 예비적으로 제안받으려면 투자자가 기업에 대한 가치평가를 할 수 있을 정도의 자료를 제공하여야 한다. 이 단계에서 회사의 개요, 조직 현황, 사업 현황 및 재무 현황 등 대상기업에 대한 정보를 설명자료로 정리한 투자설명서(IM, Information Memorandum)가 제공된다. 반드시 IM 형태의 자료가 아니더라도 최소한 잠재적 투자자가 대상기업에 대한 투자 검토와 예비적인 가치평가를 할수 있는 정보를 제공한다. 예비실사 단계에서 최고 경영진 또는 임원진 인터뷰 등이 수반되기도 한다.

예비실사 이후 매도인은 잠재적 투자자로부터 거래가격을 포함한 거래조건에 대하여 예비적인 제안을 받을 수 있다. 투자자의 예비적 제안은 예비실사에서 제공된 제한된 정보를 기반으로 하므로 구속력이 없는 제안(Non-binding offer)이 된다. 예비적 제안에는 예비적인 거래가격과 자금조달 계획에 대한 내용 등이 포함된다.

투자자는 예비실사 과정에서 거래 검토를 중단하고 예비제안 자체를 하지 않을 수도 있으며, 매도인이 예비적 제안을 받았더라도 만족스럽지 못한 제안이 포함될 수도 있다. 매도인은 인수 희망자들이 제시한 예비적인 제안을 검토한 후, 거래 논의를 진행할 만한 적격투자자를 압축하여 본실사 과정에 참여하도록 하고 본제안(본입찰) 기회를 부여한다.

본제안 단계

매도인이 압축한 매수 후보자들에게 대상기업에 대한 상세한 정보를 제공하고 최종 거래조건을 제시할 수 있도록 하는 단계이다. 투자자의 본제안을 위해 매도인이 기업에 대한 상세 정보를 제공하고 투자자가 이를 검토하는 과정을 본실사라고 한다.

본실사에 들어가기 전 투자자의 예비적 제안을 기초로 거래조건이 포함된 양해각서(MOU)와 같은 텀시트를 체결하기도 한다. 텀시트에는 거래가격, 가격산정의 근거, 독점협상권의 기간 등을 규정한다. 이 단계에서 작성되는 양해각서는 법적구속력이 없는 것이 일반적이나 법원이나 금융기관이 주도하는 거래에서는 법적구속력을 규정하고 이행보증금을 예치하도록 하는 경우도 있다.

본실사에 참여하는 투자자는 복수가 될 수도 있고 단수가 될 수도 있는데, 매도인에게 의미가 있는 매수 희망자가 둘 이상이라고 판단된다면 본실사에 참여하는 투자자를 가급적 복수로 끌고 가는 것이 매도인의 협상력 측면에서 유리하다. 매도인 입장에서는 최종 거래계약까지 투자자 간의 경쟁을 유도하여 매각금액을 극대화하고 본계약까지 협상 우위를 유지할 수 있기 때문이다.

투자자는 본실사를 통해 기업의 부문별로 상세 정보를 확인하고 검토하는데, 매도인은 데이터룸(Data Room)의 형태로 방대한 양의 기업 자료를 제공한다. 이 과정에서는 부문별 실무자들에 대한 인터뷰가 수반되기도 한다.

데이터룸은 실제 물리적인 공간에 여러 가지 자료를 비치하는 PDR(Physical Data Room) 형태가 될 수도 있고, 인터넷 등 전산 환경을 이용하여 전자파일 형태로 자료를 제공하는 VDR(Virtual Data Room) 형태가 될 수도 있다. 일반적으로 기업은 모든 자료를 전자파일 형태로 보관하므로 최근 대부분의 M&A에서 데이터룸은 VDR 형태로 운영된다. 특히 본실사 단계에 참여하는 투자자가 둘 이상이라면 실사가 동시에 진행되어야 하므로 VDR 형태의 데이터룸을 운영하는 것이 효율적이다.

본실사를 마치면 투자자는 거래가격을 포함한 구체적인 거래조건을 제시하게 되며, 본실사 이후 투자자의 제안은 구속력 있는 제안(Binding offer)으로서 본계약의 기반이 된다. 만약 본실사 과정에서 충분한 정보가 제공되지 못한다면 투자자 입장에서 구속력 있는 제안을 하기 어려울 수 있으므로 매도인은 본실사의 기간이나 정보의 수준이 부족하지 않도록 관리하는 것이 필요하다.

매도인은 구속력 있는 제안을 접수받기 전에 매각주간사 등을 통하여 사전에 입찰안내서를 매수 후보자에게 제시할 수 있다. 매도인은 입찰안내서를 통해 입찰 일정과 본제안에 포함되어야 하는 사항, 부대서류를 안내하여 투자자로부터 제안받고자 하는 항목을 명확히 할 수 있으며 투자자의 제안 내용에 대하여 효율적으로 비교 평가할 수 있다.

본계약 단계

매도인은 본제안을 접수받으면 최종적으로 매수자가 될 거래 상대방을 결정하고, 본제안의 내용을 바탕으로 본계약서에 대한 협상을 진행한다.

본계약서는 매도인이 먼저 초안을 작성하여 매수자로 하여금 수정하도록 할 수 있으며, 매수자가 먼저 작성하고 매도인 측에 제시하여 협상을 통해 수정할 수도 있다. 아무래도 본계약서 초안을 먼저 제시하는 측은 자신에게 유리한 형태로 초안을 잡을 수 있기 때문에 매도자가 거래를 주도하는 경우에는 매도자가 먼저 계약서 초안을 작성하여 매수자에게 제시하는 경우가 대부분이다.

매도인이 둘 이상의 투자자를 대상으로 본제안을 받는 경우에는 매도인이 본입찰을 받기 전에 계약서 초안을 매수 후보자들에게 먼저 제시하고 본입찰 시 계약서 초안 내용에 대한 수정사항(Mark-up)을 거래가격과 함께 제시하는 방법을 사용하기도 한다. 이러한 방법을 통하여 매도인은 협상력에 우위를 유지하면서 가장 유리한 조건을 제시한 투자자를 선택할 수 있으며 본계약 협상 과정도 단축할 수 있다.

매각 협상 시 고려사항

주식 스와프는 엑시트가 아니다

투자자가 투자했던 자금을 현금화하여 회수하는 것을 통상 '엑시트 (Exit)'라고 많이 표현하는데 M&A는 결국 매도인이 투자했던 투자금을 회수하는 것이므로 매도인 입장에서는 본인의 투자 포지션에서 엑시트한다고 할 수 있다. 기업의 소수지분 투자자는 주식시장에서 매각하는 등의 방법으로 지분을 매각할 수 있지만, 기업의 경영권 지분을 소유한 대주주는 M&A를 통해 보유지분을 현금화한다.

M&A에서 매도인이 거래대금을 현금으로 받지 않고 매수인이 보유하거나 발행하는 주식으로 지급받는 경우가 종종 있는데, M&A 거래대금을 현금이 아닌 다른 수단으로 지급받는 것은 엄밀한 의미에서 엑시트로 볼 수 없다.

투자자 입장에서 엑시트라는 것은 변동성에 노출된 자산을 변동성에 노출되지 않은 자산으로 변경시키는 것이기 때문이다. M&A 거래에서 매각대금을 다른 회사 주식으로 받는다는 것은 다시 변동성에 노출되는 자산을 보유하게 되는 것이기 때문에 엑시트라고 말하기 어렵다.

M&A에서 거래대금을 매수인의 지분으로 받은 대표적인 사례로 제이브이엠 거래를 예로 들 수 있다. 2016년 7월 약국 자동화기기 제조업을 영위하는 제이브이엠의 최대주주는 경영권 지분을 한미사이언스에 매각하면서 전체 매각대금 1,292억 원 중 1,000억 원 이상을 한미사이언스 주식으로 수령한 것으로 알려졌는데, 2016년 하반기에 한미사이언스의 주가가 큰 폭으로 하락하면서 경영권을 매각했던 매도인이 2016년 말 큰 평가손실을 입은 것으로 알려졌다.

매수인 측에서 특정 주식으로 거래대금을 지급하는 것을 제안한다면 매도인 입장에서는 이 거래를 지분 매각거래와 지분 투자거래로 나누어 검토해야 한다. 이 경우 매도인은 지분을 매각함과 동시에 다른 특정 주식에 투자하게 되는 것이므로 지분 매각거래에 대한 판단뿐만 아니라 투자거래에 대한 투자검토를 동시에 실행해야 한다. 즉, 이러한 거래를 하기 위해서는 해당 투자거래와 관련하여 별도의 가치평가와 실사 등 검토작업이 필요하다.

플랜 B를 보유하라

M&A 거래가 무조건 성공할 것이라는 과신은 금물이다. 매도인은 기업 매각이 진행되면서 계획한 대로 경영권을 매각하지 못할 가능성을 항상 염두해야 한다.

M&A가 매도인이 원하는 방향대로 일사천리로 진행되면 좋겠지만, 거래는 불확실성에 항상 노출되어 있으며 언제 어떻게 무산될지 모른다. 모든 협상이 물 흐르듯 진행되었더라도 거래계약 체결 하루 전날에도 무산될 수 있는 것이 M&A 거래다.

매도인 입장에서 M&A가 성공할 것이라 믿고 매각대금의 유입을 확신하여 다른 투자를 먼저 진행한다든지, 기업 경영에 신경을 덜 쓴다든지 하는 행동은 매우 위험하다. 매도인은 거래가 언제든지 무산될 수 있다는 생각을 하고 있어야 하고, 만약 거래가 무산될 경우를 대비하여 실행할 다른 계획도 가지고 있어야 한다. 즉, 매도인은 플랜 B를 가지고 있어야 하는 것이다.

매도인에게 플랜 B가 있는지 여부는 협상력에도 큰 영향을 미친다. 매도인이 M&A 이외 다른 대안이 있거나, 거래를 진행할 수 있는 다른 투자자를 가지고 있다면 협상력이 커진다. 즉, 매도인이 M&A 거래 외에 기업공개(IPO) 등 다른 대안이 있거나, 바로 거래 논의를 시작할 수 있는 제3의 매수 희망자가 존재한다면 매도인의 협상력이 커진다고 할 수 있다. 매도인이 M&A를 중단하고 다른 선택을 하거나 다른 매수 후보자와 언제든지 협상을 진행할 수 있다면 투자자 입장에서는 매우 불안한 상황이 되기 때문이다.

반대로 매도인이 일정 기한 내에 현금을 확보해야 하거나, 정부기관의 규제를 지키기 위해 기업의 경영권을 매각하는 경우 등 기업 매각이 반드시 필요하고 기한이 존재한다면 매도인은 플랜 B를 가지기 어렵기 때문에 협상력은 매수인 측으로 기울어질 수밖에 없다.

상대방 입장이 되어 생각하라

심리학에서 소유효과(Endowment effect)라는 것이 있다. 소유효과란 같은 물건이지만 다른 사람이 가지고 있을 때보다 내가 그것을 가지고 있을 때 더 귀중하다고 여기는 것을 말한다.

매도인은 이러한 소유효과로 인하여 매수인보다 기업에 대한 긍정적인 관점과 전망을 가지는 것이 일반적인데, 매도인은 이 소유효과에 대한 기본적인 인식을 가지고 협상에 임하는 것이 바람직하다.

협상에서 매도인과 매수인의 의견이 조율되지 않아 평행선을 걷는

매각 협상 시 고려사항 303

다면, 매도인은 잠깐 매수인 입장이 되어 생각해 보는 자세가 필요하다. '만약 내가 매수인이라면 어떨까'라고 한번 생각해 보는 것이다.

매도인 입장에서는 협상 과정에서 매수인이 대상기업을 낮게 평가한다거나, 보수적인 코멘트를 하는 것이 이해가 되지 않을 수 있고 때로는 감정이 상할 수도 있는데, 이때 매도인이 만약 내가 매수인 입장에서 투자를 검토하는 상황이라면 어떨까 생각해 본다면 서로의 입장을 어느 정도 이해할 수 있을 것이다.

협상 과정에서 매도인이 상대방의 입장을 생각한다는 인상을 준다면, 매수인은 좀 더 포용력 있는 태도로 협상에 임하게 되며, 이는 결과적으로 매도인이 원하는 쪽으로 협상을 진행할 기반이 된다.

주주 간 계약

[

완전히 끝날 때까지는 끝난 게 아니다.

— 요기 베라 —

]

M&A에서 매도인은 보유한 지분을 전부가 아닌 경영권을 행사할 수 있는 만큼만 매각하고, 거래 이후에도 일정 지분을 계속적으로 보유할 수 있다. 이렇게 소수지분을 남기게 된다면, 매도인은 M&A 거래 시 미리 해당 지분에 대한 처리 방법을 마련해 두어야 한다.

매도인이 경영권 지분을 매각한 이후 남은 보유지분은 소수지분이 되는데, 만약 대상기업이 비상장회사이거나 매도인이 보유하는 지분이 작지 않은 수준이라면 남겨진 소수지분의 처리가 어려울 수 있다는 점을 미리 염두에 두어야 한다. 대상기업이 상장회사가 아니라면 소수지분을 매각하기 어려울 수 있으며, 상장회사라고 하더라도 지분 규모가 크다면 원하는 때에 모두 현금화시키는 것이 어려울 수 있기 때문이다.

M&A 과정에서 남겨지는 소수지분에 대한 처리는 통상 매도인과 매수인 간의 주주 간 계약(Shareholders Agreement, SHA)을 통해 이루어진다. 주주 간 계약은 말 그대로 기업의 주주 사이에 체결하는 계약으로서 주주 상호 이해관계에 따라 의결권 행사, 주식의 처분 및 회사의 운영 등에 관한 사항을 다양한 형태로 약정한다. 이러한 주주 간 계약은 M&A 계약을 체결할 때 동시에 이루어지는 것이 일반적이다.

주주 간 계약에 포함되는 사항은 주주 상호 이해관계나 거래의 상황에 따라 다를 수밖에 없는데, M&A 관련 주주 간 계약은 대부분 매도인이 남기는 소수지분의 처리와 관련한 사항으로서 대부분 매도인의 매수요구권(Put option)이나 동반매도참여권(Tag-along)을 포함하는 경우가 많다.

M&A와 관련한 주주 간 계약에서 주로 다루어지는 약정 사항들을 살펴보자.

매수요구권(Put option)

매수요구권(풋옵션)은 상대방에게 일정한 조건으로 지분 매수를 요구할 수 있는 권리, 즉 팔 수 있는 권리를 의미한다.

매도인이 소수지분을 남기게 될 경우 해당 지분의 처리 방법으로 가장 먼저 생각할 수 있는 것은 M&A 거래 이후 일정한 시점에 추가적으로 매수인에게 매각하는 것이다. 매도인은 매수인과 주주 간 계약으로 풋옵션 약정을 체결하여 거래 후 일정 시점에 소수지분을 팔 수 있는 권리를 확보할 수 있다.

풋옵션 약정은 매수인이 매도인에게 일정 기간 동안 일부 지분을 계속적으로 보유할 것을 요구하는 경우, 매수인이 자금 사정 등으로 매도인의 전체 지분을 일시에 인수하기 어려운 경우, 또는 매수인과 매도인 사이 가치평가에 이견이 있어 일부 지분을 추후에 거래하기로 하는 경우에 주로 사용된다.

풋옵션 약정을 위해서는 행사가격을 정해야 하는데, 특정 가격으로 정하기도 하고 미래 특정 기간의 실적에 일정한 배수를 곱하여 산정하는 방식으로 정하기도 한다.

매수선택권(Call option)

매수선택권(콜옵션)은 상대방이 보유한 일정 지분에 대하여 특정조건에 따라 살 수 있는 권리를 의미한다.

주주 간 계약에서 콜옵션은 매도인이 보유한 잔여 지분을 추후 매수할 수 있는 권리를 매수인이 가지도록 규정된다. 매도인이 보유한 소수지분을 언젠가는 매수하기를 원하는 경우, 매수인은 이러한 콜옵션 약정을 활용할 수 있다.

   M&A 관련 주주 간 계약에서 콜옵션 약정만 규정되는 경우는 많지 않으며, 풋옵션이나 동반매도청구권(Drag-along)과 동시에 약정하는 경우가 많다. 콜옵션 약정에서 행사가격도 특정 가격 또는 미래 특정 기간의 실적에 일정한 배수를 곱한 가격 등으로 정하게 된다.

동반매도참여권(Tag-along)

   동반매도참여권은 특정 주주가 지분을 처분할 때 다른 주주가 지분의 공동 매각을 요구할 수 있는 권리이다. 일반적으로는 최대주주가 지분을 매각할 때 기타 다른 소수주주가 최대주주와 동일한 조건으로 매각에 참여할 수 있는 권리를 일컫는다.

   M&A에서 매수인이 사모펀드 등 재무적 이득을 추구하는 투자자라면 경영권 지분을 다시 매각하는 것이 예정되어 있다고 할 수 있는데, 매도인은 동반매도참여권 약정을 통하여 추후 경영권 지분 매각거래 시 보유한 소수지분을 경영권 지분과 함께 매각할 수 있는 기회를 확보할 수 있다.

   소수지분의 경우 매각이 쉽지 않고 경영권 지분에 비하여 낮은 가격으로 거래되는 것이 일반적인데, 소수지분 보유자 입장에서는 이러한 동반매도참여권을 획득함으로써 지분 매각 기회를 확보함과 동시에 경영권 프리미엄을 얻을 기회가 생기는 것이다.

2016년 로엔엔테테인먼트의 최대주주 스타인베스트홀딩스가 경영권 지분(61.4%)을 카카오에 매각하는 거래에서 소수지분 보유자였던 SK플래닛은 동반매도참여권으로 보유하고 있던 소수지분 15%를 동일한 가격으로 카카오에 매각한 바 있다. SK플래닛은 2013년에 로엔엔테인먼트를 스타인베스트홀딩스에 매각할 당시 체결한 주주 간 계약으로 확보한 동반매도참여권을 행사함으로써 경영권 프리미엄이 반영된 가격으로 보유지분을 매각할 수 있었다.

M&A 거래 시 지분을 남겨 두게 되는 매도인 입장에서는 가급적 주주 간 계약에 동반매도참여권을 반영하는 것이 좋다. 매도인이 매수인에게 우호적인 목적으로 일정 지분을 남겨 놓는다고 하더라도 향후 경영권 변동이 생긴다면 이러한 목적 자체가 의미 없어질 수 있기 때문이다.

동반매도청구권(Drag-along)

동반매도청구권은 특정 주주가 보유지분을 매각하고자 할 때, 다른 주주의 지분을 함께 매각할 수 있는 권리를 의미한다. 동반매도청구권은 경영권 지분을 가진 대주주가 소수주주에 대하여 가질 수도 있고 반대로 소수주주가 경영권 지분을 보유한 대주주에 대하여 가지기도 한다.

경영권 지분을 가진 대주주는 본인의 지분 매각을 용이하게 하기 위해 또는 경영권 프리미엄을 극대화하기 위한 목적으로 동반매도청구권 약정을 이용할 수 있다. M&A로 최대주주가 되는 매수인은 향후 매각 시 지분율을 높여 매각하는 것이 유리하다고 판단한다면 주주 간 계약으로 동반매도청구권 약정을 체결해 놓는 것이 좋을 것이다.

반대로 소수주주 입장에서는 동반매도청구권 약정은 지분의 엑시트 수단으로 활용할 수 있다. 비상장기업은 소수주주가 지분을 매각하고 싶어도 거래할 상대를 찾기 어려우며 소수지분에 대한 할인(Minority discount) 등으로 제가격을 받기 쉽지 않은데, 소수주주가 동반매도청구권을 가지고 있다면 경영권 지분을 본인 지분과 같이 매각할 수 있는 기회를 확보하는 것이다. 소수주주 입장에서는 동반매도청구권 약정을 통하여 지분의 매각 가능성을 높이고 경영권 프리미엄까지 반영된 가격으로 거래할 수 있다.

그러나 동반매도청구권의 대상이 되는 지분의 소유권자 입장에서는 청구권자에게 지분 매각 권한을 위임하여야 하므로 본인의 의사와 관계 없이 회사의 지분을 매각해야 하는 위험성이 존재한다.

따라서 동반매도청구권은 주주 간 계약에서 다른 약정사항을 위반하는 경우 페널티 성격으로 부여되는 경우가 많다. 예를 들면, M&A에서 소수주주로 남게 되는 매도인의 엑시트 방안을 마련해주기 위해 매수인이 일정 기간 안에 기업을 상장(IPO)하기로 약정하였는데, 일정 기간이 경과했는데도 상장 약속이 지켜지지 않을 경우 매도인이 동반매도청구권을 행사할 수 있도록 규정하는 식이다.

우선매수권

우선매수권(Right of First Refusal)은 말 그대로 다른 주주의 지분을 우선적으로 매수할 수 있는 권리로서 즉 특정 지분에 대하여 제3자에 우선하여 매수할 수 있는 권리를 의미한다.

M&A 거래에서 매도인은 매각한 지분에 대하여 매수인이 해당 지분을 다시 매각하는 경우 제3자에 우선하여 매수할 수 있는 우선매수권한을 요구하는 경우가 있다. 매도인이 언젠가 해당 기업의 경영권을 다시 찾아올 것을 계획한다면 우선매수권을 요구하는 것이 안전할 것이다. 특히, 매도인이 구조조정의 일환으로 부득이하게 기업을 매각하거나, 법률이나 규제를 충족하기 위해 불가피하게 기업을 매각하는 거래에서 매수인에게 우선매수권 약정을 요구하는 것을 종종 볼 수 있다.

우선매수권은 콜옵션과는 달리 행사가격을 미리 정하지 않고 단지 우선하여 매수할 수 있는 권리로 규정되는 경우가 많다. 대상 지분이 제3자에게 매각된다면 우선매수권자가 그 제3자와의 거래예정가격으로 매수할 수 있는 권리를 부여받는 형태로 약정을 체결하는 경우가 대부분이며, 우선매수권의 행사 시기, 방법, 절차 등과 관련하여 매우 구체적인 조건이 필요하다.

한편, 우선매수권이 부여된 상황에서는 M&A 진행 자체가 매우 복잡해진다는 점에 주의해야 한다.

거래 대상에 우선매수권이 존재한다면 일단 투자자의 거래 시도가 쉽지 않다. 매수 희망자로서는 매도인이 만족할 수 있는 거래조건을 제안하더라도 우선매수권자에게 거래 기회를 빼앗길 수 있는 불확실성 때문에 M&A에 시간과 비용을 투입하기가 쉽지 않기 때문이다. 투자자 입장에서는 우선매수권자의 우선매수권 행사 여부를 확인하는 과정에서 불가피하게 거래 진행 사실을 노출할 수밖에 없다는 점도 불편하다.

또한 우선매수권이 부여된 상황에서는 우선매수권의 대상이 되는 지분의 보유자, 우선매수권자, 그리고 매수희망자 사이에서 이해관계가 매우 복잡해지기 때문에 거래종결까지 상대적으로 많은 시간과 비용이 소요되는 점을 고려해야 한다.

2016년 금호타이어의 매각 진행 시에도 박삼구 금호아시아나그룹 회장이 보유한 우선매수권으로 인하여 난항을 겪은 바 있으며, 박삼구 회장이 우선매수권을 포기한 이후에서야 어렵사리 거래가 종결되었다. 2016년 9월에 매각공고로 시작된 금호타이어 매각거래는 1년이 훨씬 넘은 후인 2018년 7월에야 최종적으로 종결될 수 있었다.

M&A 거래비용

M&A는 거래가 완료될 때까지 걸리는 시간도 길고 거래비용도 많이 소요되는데, 매도인 입장에서 소요되는 대표적인 비용에 대하여 살펴보자.

내부 인력의 기회비용

M&A를 진행할 때 매수인과 매도인은 많은 인력과 상당한 시간을 쓴다. 매수인은 대상기업을 조사하고 검토하는 데 많은 인력을 투입하

고, 매도인은 거래를 진행하기 위해서 자료 준비, 투자자 미팅, 실사 대응 등으로 노력하는 데에 시간을 들인다.

매도인은 외부 자문사 등을 이용함으로써 직접 투입하는 시간을 상당 부문 줄일 수 있지만 기본적으로 중요한 의사결정은 거래 주체의 몫이기 때문에 거래 과정에서 어느 정도의 시간과 노력을 들이는 것은 필수적이다.

매도인이 기업이라면 M&A를 담당하는 기획부서 등 전담부서에서 거래 진행 업무를 담당하겠지만 매도인이 개인이라면 직접 거래 진행 과정을 챙겨야 한다. M&A는 매도인 입장에서 매우 중요한 이벤트이므로 아무래도 많은 신경을 쓸 수밖에 없고 거래 과정에서는 다른 업무에 집중하기 어렵다.

M&A를 담당하는 인력은 거래에 상당 부분 시간을 할애하여야 하기 때문에 본연의 업무에 상대적으로 집중을 못하게 되므로 기회비용이 발생하며 이것은 곧 거래비용의 일부가 된다.

통상 M&A를 주도하고 거래 진행 과정에서 의사결정을 하는 당사자는 기업의 오너이거나 기업의 최고경영자, 고위급 임원 또는 기업의 핵심인력인 경우가 많기 때문에 이러한 기회비용을 결코 작다고 말할 수 없다.

외부자문사 비용

M&A에는 다양한 외부자문사들이 참여하게 되는데, 매도인 측에서 참여하는 외부자문사는 크게 M&A주간사, 회계자문 및 법률자문사가 대표적이다.

외부자문사의 주요 업무 및 형태

구분	주요 업무	주요 형태	비용 수준
M&A주간사	M&A 거래 진행을 전체적으로 주관하며, 거래 일정과 절차를 관리함	글로벌 IB, 국내 금융사 IB, 회계법인, 법무법인, 부티크 등	'착수금(Retainer)+성공보수(Success fee)' 형태가 일반적임
회계자문사	회계실사, 세무실사 등을 담당함	회계법인 등	업무 범위 및 투입 시간에 따라 보수가 결정됨
법률자문사	법률실사, 거래계약서 검토 등 자문함	법무법인 등	업무 범위 및 투입 시간에 따라 보수가 결정됨

M&A주간사에 대한 수수료는 통상 자문사 비용 중 가장 큰 부분을 차지한다.

주간사는 거래가 완료될 때까지 거래 전체를 관리하고 매도인의 의사결정과 협상을 지원하게 되는데, 주간사 수수료는 착수금(Retainer)과 성공보수(Success fee)가 결합된 형태가 많으며 대부분은 성공보수가 차지한다.

주간사에 지급되는 성공보수는 거래 상황, 난이도, 규모 등에 따라 천차만별이기 때문에 특별한 룰은 없다. 성공보수는 특정한 금액으로 정할 수도 있지만 매각주간사 성공보수는 거래금액에 연동하여 거래금액의 일정 비율 해당금액으로 정하는 경우가 많다. 주간사 수수료는 통상 거래대금의 1~5% 범위에서 결정되는데, 성공보수 수수료율은 거래 규모가 작을 때 수수료율이 높고 거래 규모가 클 때 수수료율이 낮은 것이 일반적이다. 경우에 따라서는 매각주간사에 대한 동기부여 측면에서 특정 금액 이상으로 매각되면 높은 수수료율을 적용하는 인센티브 구조를 도입하기도 한다.

국내에서 M&A주간사 성공보수가 규정된 사례는 회생회사 M&A와 관련하여 서울회생법원이 정한 '서울회생법원 실무준칙'이 거의 유일하다고 할 수 있는데. 실무상 중소 규모의 거래에서 주간사 수수료를 정할 때 참고되는 편이다.

회계자문사와 법률자문사 수수료는 업무 범위와 투입 시간에 따라 정한다. 투입 시간은 규모와 복잡성에 비례하기 때문에 기업의 규모가 크고 복잡할수록 수수료가 높아진다고 보면 된다. 일반적으로 기업의 규모가 클수록, 영위사업의 복잡할수록, 자회사가 많을수록 수수료가 높아진다.

세금

M&A에서 세금은 간과해서는 안 되는 중요한 거래비용이다. 매도인에게 세금이 발생하는 경우에는 M&A 거래비용 중 가장 큰 부분을 차지하는 경우가 많다.

매도인 입장에서는 지분 양도와 관련하여 양도차익이 발생하면 세금을 부담한다. 지분 양도차익과 관련하여 매도인이 개인이면 양도소득세를 부담하고 매도인이 법인이라면 법인세를 부담한다. 또한 매도인은 양도차익 발생과 무관하게 양도금액에 일정한 증권거래세를 부담하여야 한다.

매도인이 법인인 경우에는 지분매각 양도차익은 자연스럽게 법인의 이익이 되므로 법인 소득에 따라 계산된 법인세를 사업연도 말부터 3개월 내에 납부하면 된다.

매도인이 개인이라면 지분 양도차익에 대한 양도소득세를 별도로 납부하여야 한다. 양도소득세는 양도차익의 규모나 지분 보유 기간에 따라 세율이 다르며 대상기업이 중소기업인지, 부동산과다법인인지 여부에 따라서도 달라지므로 주의해야 한다. 현행 한국 세법에 따르면 매각대상 기업이 중소기업인 경우 양도차익의 22%(지방소득세 포함, 이하 동일), 중소기업이 아닌 경우 27.5%를 양도차익에 대한 양도소득세로 납부하여야 한다. 양도소득세는 M&A가 완료된 날이 속하는 반기의 말일부터 2개월 내에 납부하여야 한다.

증권거래세는 양도차익이 발생하는지 여부와 관계없이 양도금액의 0.35%를 납부하여야 하며 거래가 완료된 날이 속하는 반기의 말일부터 2개월 내에 납부하면 된다.

대주주의 주식 양도차익에 대한 세율

양도인	세금 구분		세율	비고
법인	법인세*		9.9~26.4%	법인의 전체 소득의 규모 세율 구간을 적용함
개인	양도소득세*	1년 이상 보유	22%, 27.5%	과세표준 3억 원 초과분에 대하여는 27.5%
		1년 미만 보유	33%	비중소기업 대주주

* 지방소득세 포함 세율
* 예외적으로 부동산과다법인의 주식 등의 경우 양도소득의 규모에 따라 별도의 누진세율 구조가 적용됨

지분 양도와 관련한 세법 규정은 정부의 조세 정책 변화에 따라 세율이 변경되는 경우가 잦으므로 M&A를 앞두고 있다면 거래 시기에 따라 적용되는 세율의 변화를 유심히 살펴 보아야 한다.

세금이 매도인의 거래비용에서 차지하는 비중이 크기 때문에 어떤 경우에는 주식 양도소득에 대한 조세 정책 변경이 매도인의 주요한 거래 동인이 되기도 한다. 예를 들면 중소기업의 대주주 양도소득세율은 2015년까지는 11%(지방소득세 포함)였으나 2016년부터 22%로 큰 폭 인상되었는데, 당시 세금 부담을 피하기 위해 세율 인상이 적용되기 전 거래를 완료하는 것을 전제조건으로 추진된 중소기업 M&A 거래 사례가 다수 있었다.

기업 매각, 그 이후

기업을 매각하고 나면 매도인은 확보한 현금으로 다른 사업에 진출하기도 하고 어떤 경우에는 사회공헌활동 등을 하면서 여유 있는 생활을 즐기기도 한다.

기업 경영에 지쳐 은퇴라는 측면에서 매각을 고려하는 매도인은 기업과 완전히 절연된 생활을 꿈꾸기도 하지만, 실제로는 기업을 매각한 이후 완전히 신경을 쓰지 않고 지내기는 어렵다.

기업을 매각하더라도 매도인이 거래 이후 계속적으로 신경 써야 할 대표적인 사항 몇 가지를 살펴보자.

거래 후 손실보전

통상 M&A 계약에서 매도인은 진술 및 보증 사항을 기술하며, 거래 이후 진술 및 보증 위안이 발생하여 매수인 측에 손해가 생기면 손실을 보전하겠다는 약정을 맺게 된다. 즉, 거래 이후 진술 및 보증 위반으로 인해 매수인에게 손해가 발생하는 경우 매도인은 해당 손해를 배상해야 하는 의무를 부담하는 것이다.

손해배상청구권의 기한은 거래종결일 이후 짧게는 1년에서 길게는 5년까지 규정된다. 결국 매도인은 손해배상청구권의 기한이 종료될 때까지는 경우에 따라서 손해배상 채무를 부담할 수 있는 지위에 서게 된다.

따라서 매도인은 손실보전 기한이 경과하기 전까지 진술 및 보증 위반 사항이 발생하였는지, 이로 인하여 대상기업이나 매수인 측에 손해가 발생하였는지에 대하여 파악할 필요가 있다.

최근에는 매도인의 진술 및 보장 위반으로 발생한 손해가 크지 않은 금액이라고 하더라도 매수인이 손해배상청구에 나서는 경우가 많아지고 있다. 이 때문에 최근 M&A에서 매도인은 주식매매 계약 체결 시 가급적 손실 보전 기한을 짧게 규정하고 손실 보전의 한도를 낮은 금액으로 규정하려는 경향이 강하게 나타난다.

경업금지

M&A에서 매수인이 매도인에게 거래 이후의 경업금지를 요구하는 경우가 대부분이다. M&A 거래에서 경업금지는 매도인이 대상기업과 경쟁관계에 있는 사업을 직접 또는 간접적으로 영위하는 것을 금지하는 것을 의미한다.

거래 이후 매도인이 대상기업과 유사한 사업을 다시 영위하거나 다른 경쟁사에 도움을 줄 경우 대상기업의 기업가치에 안 좋은 영향을 미칠 수 있기 때문에 대부분의 M&A 계약에서는 매도인의 경업금지 의무를 규정한다.

매도인의 경업금지 의무는 단순히 유사한 사업행위를 제한하는 것을 넘어서 관련 사업에 투자하는 행위나 다른 경쟁업체에 자문을 제공하는 행위까지 제한하는 것이 일반적이다. 따라서 M&A 계약에서 경업금지 의무를 규정했다면 대상기업을 매각한 이후 매도인이 대상기업과 관련된 사업을 하는 것은 사실상 불가능하다고 할 수 있다.

경업금지 의무는 통상 3년에서 10년 사이 매수인과 매도인이 협의하여 결성되는 것이 일반적이다.

계속근무 약정

M&A에서 매도인이 거래 이후에도 기업에 남아 계속적으로 경영하거나 근무하는 것을 의무화하기도 한다.

매도인이 기업을 갑자기 떠나게 될 경우 조직이 불안정해지거나 거래처가 이탈하는 등 기업가치가 훼손될 가능성이 높다면 매수인이 이러한 계속근무 약정을 요구한다. 계속근무 약정은 통상 1년에서 5년 사이 규정되는 것이 일반적이다.

계속근무 약정을 체결하는 경우는 주로 매도인이 특별한 경영능력이나 기술력을 보유하고 있어 다른 전문경영인으로 대체가 어려운 경우이다.

주식매매 계약서에 매도인의 계속근무 약정을 규정하는 경우도 있으며 별도의 관련 약정서를 체결하기도 한다. 경우에 따라서는 매도인의 계속근무 의무를 강화하기 위해 매도인이 일부 지분을 계속적으로 보유하는 것으로 거래구조를 설계하기도 한다.

매도인이 계속근무 약정을 원하지 않을 때도 있는데, 이 경우에는 계속근무 약정 대신 비상근 고문계약 또는 자문계약의 형태로 기업이 일정 기간 동안 매도인에게 지속적인 도움을 받을 수 있도록 약정하기도 한다.

에필로그

우리는 변화한다고 해서 더 나아질 것이라고 장담하지는 못한다.
하지만, 더 나아지기 위해서는 반드시 변화해야 한다.

― Georg C. Lichtenberg ―

M&A 거래를 자문하면서 많은 매수인과 매도인을 만났다. 성공적으로 종결된 거래도 있었고, 진행 중에 무산된 거래도 있었다. 사람의 마음이라는 게 다 그렇듯이, 거래를 추진했다가 못하게 되면 '그때 했어야 했는데'라는 후회를 하게 되고, 막상 M&A가 성사되면 '그때 거래를 하지 않았더라면 어땠을까'라는 후회를 하게 되는 것 같다. 결국 M&A는 해도 후회, 안 해도 후회인 것이다.

그동안 M&A 거래를 성공한 분들과 그렇지 못한 분들을 겪으면서 느낀 점은 거래한 것에 대한 후회보다는 거래가 성사되지 않았을 때의 후회의 마음이 더욱 크다는 것이다. M&A가 성사된 이후에는 아쉬움이 있다고 하더라도 지난 거래를 되돌이킬 수 없지만, 거래를 시도했는데 마무리하지 못한 경우에는 다시 하면 어떨까 하는 미련이 계속 남기 때문인 듯하다. 그래서인지 M&A를 한번 시도했던 매도인은 거의 대부분 다시 거래를 시도하고, M&A를 경험한 매수인 역시 또 다른 거래를 찾아 나서는 경우가 많다.

기업가들은 왜 M&A에 나서는 것일까? 거래를 자문하면서 곁에서 지켜본 바로는 그들은 '더 나아지기 위해서' 그리고 '변화를 추구하기 위해서' M&A를 찾아 나서고 거래를 실행했다. 이처럼 거래를 시도하는 기업가들은 기본적으로 변화를 추구하는 이들이다.

기업가들이 M&A를 통해 얻고자 하는 시너지나 가치 창출은 변화를 기반으로 한다. 변하는 것이 없다면 시너지도 없고 가치 창출도 없다. 기업이 처한 환경은 하루가 다르게 변하고 있으며, 그 속에서 기업 역시 변화를 통해 생존을 모색하고 새로운 가치를 추구한다. 기업가가 변화를 시도하지 않는다면 기업이 존재의 의미를 찾을 수 있을까? 만약 비즈니스 세계에서 변화를 회피하기만 한다면 침체의 길을 피할 수 없을 것이다.

M&A 뉴스가 발표될 때면, 많은 이들이 거래에 나서는 기업가들을 우려 섞인 눈길로 본다. '승자의 저주에 빠지는 것은 아닐까?', '저런 기업을 왜 인수할까?' 등 기업가에게 많은 의구심이 따라붙는다. 어떤 경우에는 그 우려가 현실화되기도 하지만, M&A가 기업에 변화와 성

장의 계기가 된다는 것은 부인할 수 없다.

사후적으로 M&A의 성공과 실패를 평가할 수 있겠지만, M&A를 시도하고 실행한다는 것은 변화를 추구한다는 것이기에 그 자체로서 의미를 가지는 것이다.

매도인, 매수인, 그리고 자문사까지 그동안 M&A와 관련하여 만났던 모든 이들은 위험을 감수하고 변화를 추구하는 사람들이었다. 그분들 덕분에 이 책을 완성할 수 있는 지식과 경험을 쌓을 수 있었다. 그동안 M&A 거래 현장에서 만났던 모든 분들께 깊은 감사의 마음을 드린다.

마지막으로 항상 사랑으로 격려해준 아내 유정과 딸 서영에게 고마운 마음을 전하고 싶다.

참고문헌

로버트 아이거, 《디즈니만이 하는 것》, (샘앤파커스, 2020)

윤승환, 차일규, 《사모투자펀드와 M&A》, (삼일인포마인, 2018)

서울대학교 금융법센터, 《우호적 M&A의 이론과 실무》, (도서출판 소화, 2017)

신시아 A.몽고메리, 《당신은 전략가입니까》, (리더스북, 2012)

릭 리거드슨, 《바이아웃 M&A의 진짜 비밀》, (빅슨북스, 2012)

허브 코헨, 《협상의 법칙》, (청년정신, 2011)

데이비드 하딩, 샘로빗, 《M&A 마스터》, (청림출판, 2010)

Aswath Damodaran, 《Damodaran on Valuation》, (John Wiley & Sons Inc, 2006)

류호연, 〈한국시장에서의 기업지배권가치에 관한 연구〉, (고려대학교, 2005)

Robert F.Bruner, 《Applied Mergers and Acquisitions》, (Wiley, 2004)

마크 L.서로워, 《M&A게임의 법칙》, (더난출판사, 2003)

로버트 치알디니, 《설득의심리학》, (21세기북스, 2002)

Robert Lamb & Thomas Grubb, 《Capitalize on Merger Chaos》, (Simon and Schuster, 2001)

막스하벡, 프리츠 크뢰거, 마이클 트램, 《합병, 그 이후》, (대청미디어, 2001)

M&A 거래의 기술 개정증보판

초판 1쇄 2019년 11월 20일
초판 5쇄 2023년 1월 2일
개정판 1쇄 2023년 9월 15일
개정판 3쇄 2024년 2월 20일

지은이 류호연
펴낸이 허연
편집장 유승현 **편집3팀장** 김민보

책임편집 장아름
마케팅 김성현 한동우 구민지
경영지원 김민화 오나리

펴낸곳 매경출판㈜
등록 2003년 4월 24일(No 2-3759)
주소 (04557) 서울시 중구 충무로 2 (필동1가) 매일경제 별관 2층 매경출판㈜
홈페이지 www.mkpublish.com **스마트스토어** smartstore.naver.com/mkpublish
페이스북 @maekyungpublishing **인스타그램** @mkpublishing
전화 02)2000-2611(기획편집) 02)2000-2646(마케팅) 02)2000-2606(구입 문의)
팩스 02)2000-2609 **이메일** publish@mkpublish.co.kr
인쇄 · 제본 ㈜M-print 031)8071-0961
ISBN 979-11-6484-606-1(03320)